Martina Jung / Ramona Linsenmaier

Vegetarische Vollwertmenüs
für Babys
und Kleinkinder

MARTINA JUNG / RAMONA LINSENMAIER

Vegetarische Vollwertmenüs für Babys und Kleinkinder

Wissenswertes von A – Z

Mit den Bären
von
STEFFEN BUTZ

MARY HAHN VERLAG

© 1996 by Mary Hahn Verlag in der F.A. Herbig Verlagsbuchhandlung GmbH,
München

Mit freundlicher Unterstützung der Fa. Blauer Planet, München

Alle Rechte der Vervielfältigung und Verbreitung einschließlich Film,
Funk, Fernsehen sowie der Fotokopie und des auszugsweisen Nachdrucks
vorbehalten

Schutzumschlaggestaltung: Steffen Butz
Illustrationen: Steffen Butz
Satz: Verlagsservice G. Pfeifer / EDV-Fotosatz Huber, Germering
Gesetzt aus: Symbol 10 auf 11 Punkt
Druck und Binden: Westermann Druck Zwickau GmbH
Printed in Germany

ISBN 3-87287-435-7

Wir danken von Herzen
Julian, Bea, Viola, Christof, Helmut, Birgit, Lisa
und ganz besonders Sabine

Inhalt

5. Kapitel
Mahlzeiten für die Größeren _____ 99

Warum wir dieses Buch geschrieben haben

Gesunde, feine Vollwertküche für Erwachsene ist in aller Munde.

Doch auch, bzw. gerade für die kleinen Erdenbürger ist die Vollwertkost besonders wichtig und für Gesundheit und Leistungsfähigkeit eine der wichtigsten Voraussetzungen in der heutigen Zeit.

Deshalb sollten vom ersten Tag an die Weichen richtig gestellt werden. Dies gilt besonders auch für die Kinder, die nicht gestillt werden können. Kinder, die mit vollwertiger Nahrung »aufgezogen« werden, haben keine Probleme damit, weder in der Verträglichkeit noch in der Akzeptanz.

Alle unsere Rezepte können mit der Gewißheit verwendet werden, daß sie die bestmögliche Zusammensetzung von Vitaminen, Mineralstoffen und Spurenelementen enthalten.

Mit Vollwertkost kann man ernährungsbedingte Zivilisationskrankheiten wie z.B. Herz- und Gefäßkrankheiten verhüten und das Immunsystem stärken.

Auch NeueinsteigerInnen werden schnell Spaß am Zubereiten bekommen und viele Hilfestellungen, Tips und Informationen finden.
Außerdem sollen unsere Rezeptvorschläge Sie zu eigenen Ideen anregen und Mut zu Neuem vermitteln, denn wenn Sie unser Buch gelesen haben, wissen Sie, daß gesunde Ernährung nicht schwierig und auch nicht teuer ist.

Unsere Rezeptvorschläge enden da, wo die Kinder beginnen »am Tisch« mitzuessen.

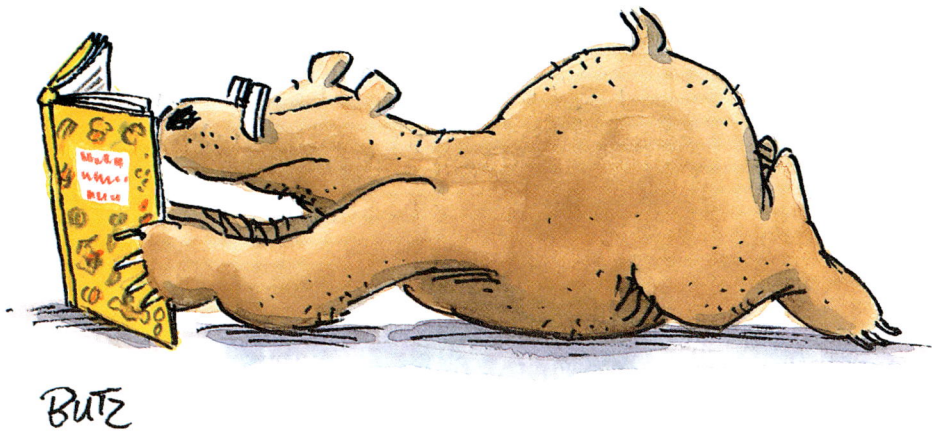

BUTZ

Dann können Sie Ihrer Phantasie beim Kochen Flügel verleihen, denn Ihr Kleinkind kann jetzt alles vertragen, vom Frischkornbrei über grobes Vollkornbrot bis hin zu rohem Gemüse.

Erfahrungsbericht von Ramona Linsenmaier

Bedauerlicherweise bin ich erst durch die Krankheiten (Asthma bronchiale und Neurodermitis) meiner beiden Töchter, die heute 15 und 13 Jahre alt sind, auf diese Ernährungsweise gestoßen.

Nach einem langen Leidensweg, gekennzeichnet durch Cortison-Präparate (Aerosol-Spray und Inhalationen) und andere Medikamente, sowie Entwicklungsbeeinträchtigungen bei meiner damals sechsjährigen Tochter, stellte ich die Ernährung der ganzen Familie um.

Nach einiger Zeit ließ ich bei den Mahlzeiten meiner Kinder alle tierische Eiweiße weg, d.h. kein Fleisch, keine Wurst, keine Eier, keine Milch. Das einzige was sie noch in kleinen Mengen essen durften, waren etwas Butter und süße Sahne. Diese Produkte enthalten nur noch einen verschwindend geringen Anteil an tierischem Eiweiß.

Dies war dann die zweite Stufe der Ernährungsumstellung, die bei der Erkrankung meiner Kinder zunächst einmal unumgänglich war, um den Heilungs-

9

prozeß einzuleiten. Ab diesem Zeitpunkt konnte man nur noch staunen, wie sich die Kinder von ihren Krankheiten erholten. Die Asthma-Anfälle gingen bis auf ein Minimum zurück. Bei meiner jüngeren Tochter ist das Asthma inzwischen ganz ausgeheilt.

Unser Privatleben wurde wieder frei von Streß, Angst und Sorgen.

Fünf Jahre habe ich meine Kinder mit Vollwertkost ohne tierische Eiweiße ernährt. Dann durften sie wieder etwas Rohmilch und Joghurt essen und schließlich auch etwas Käse und Eier.

Bis heute haben wir vollständig auf Fleisch- und Wurstwaren verzichtet und zwar die *ganze Familie* und sind dabei vollkommen gesund und glücklich.

Erfahrungsbericht von Martina Jung

Jeden Tag bin ich aufs neue dankbar, wenn ich meinen kleinen, aufgeweckten Sohn beobachte. Quietschvergnügt flitzt er durch die Gegend und freut sich an allem.

Diese gesunde Entwicklung ohne Krankheiten (außer z.B. einmal einer Erkältung, die ja auch entwicklungsbedingt sein kann) führe ich zu einem großen Teil auf die vollwertige Ernährung zurück.

Schon vor längerer Zeit habe ich meine eigene Ernährung umgestellt. Angefangen von einer problemlosen Schwangerschaft bis hin zu einer natürlichen, ambulanten Geburt war so die Grundlage für das Gedeihen des Kindes gelegt.

Heute ist er 15 Monate alt, ißt zwischendurch eine getrocknete Feige wie andere Kinder Schokolade und niemand kommt auf die Idee, daß dem Bub irgend etwas fehlt.

10

1. KAPITEL

Wissenswertes von A-Z

Übung macht den Meister. Dazu noch ein paar Vorinformationen rund um den Herd und von »zeitaufwendigen« Vorbereitungen und »teurer« Vollwertkost spricht niemand mehr. Genaue Informationen über Qualität, Nährwerte, Vitamine, Mineralstoffe, Proteine und Kohlenhydrate der Lebensmittel finden Sie bei den jeweiligen Rezepten.

A

Agar-Agar:
ein pflanzliches Bindemittel, das aus einer Algenart hergestellt wird. Die Speisen müssen aufgekocht werden, damit das Agar-Agar geliert.

Aufgeschlossenes Getreide:
Das Getreide wird gedarrt, gemahlen, eingeweicht und für Kinder bis zum 12. Lebensmonat auch gekocht. Es genügt, wenn man das Getreide 10 Minuten kocht und anschließend 2-8 Stunden (über Nacht) nachquellen läßt.

B

Biobin:
ein Handelsprodukt, das aus Johannisbrotkernmehl hergestellt wird. Siehe auch unter »Johannisbrotkernmehl«, Seite 18

Bioland-Produkte:
Das organisch-biologische Anbausystem konzentriert sich darauf, wie der Landwirt ohne Kunstdünger und Spritzmittel optimale Erträge mit hoher Lebensmittelqualität erzielen kann. Durch das Anbauen von stickstoffsammelnden Gründüngungspflanzen wird z.B. die Nitratbelastung vermindert.

Biosmon:
Mineralsalzgemisch zum Waschen von Obst und Gemüse. Die Schadstoffe werden damit besser entfernt, und Obst und Gemüse bleiben länger frisch und knackig.

Brot:
Ist bei »Breikindern« als Hilfe beim Zahnen und zur Gewöhnung an feste Nahrung sehr beliebt. Achten Sie auf qualitativ gutes Vollkornbrot, bei dem das Korn für kleine Kinder (bis ca. 9 Monate) relativ fein gemahlen sein sollte.

Butter:
Das einzige Fett, das der Körper direkt verwerten kann und das nicht erst über die Leber umgewandelt werden muß. Sie ist deshalb Margarine vorzuziehen. Es sollte jedoch jedes Fett, auch Öl, sparsam benutzt werden.

Butterschmalz:
Ist eine sehr gute Alternative zum Anbraten und Dünsten von Speisen, und man erhält einen guten Buttergeschmack. Es kann, wie auch Olivenöl, hoch erhitzt werden.

C

Citrusfrüchte:
Diese Vitamin C-Lieferanten sollten wegen ihres hohen Säuregehaltes Säuglingen bis zum 3. Lebensmonat noch nicht gegeben werden.

Chufas Nüssli:
oder Erdmandel; Flocken der aus Nordafrika stammenden Erdknolle. Sie ist ein hervorragendes Diätetikum, sehr schmackhaft und gesund. Zur Stärkung des Immunsystems und zur Gesunderhaltung von Magen und Darm sind Chufas Nüssli bestens geeignet. Die Flocken sind ein schnell regenerierender Energiespender, eine Nervennahrung für besonders beanspruchte Menschen jeden Alters und von Natur aus süß mit einem feinen Nußgeschmack. Die Erdmandel enthält alle Substanzen, die der Körper braucht. Bemerkenswert ist der hohe Ballaststoffanteil mit der erstaunlichen Eigenschaft, sowohl gegen Verstopfung als auch gegen Durchfall zu wirken.
Unter das Müsli gemischt, wird es von Kindern gerne gegessen.

13

D

Darren:
Das gewaschene, feuchte Getreide wird auf ein Backblech verteilt und bei 60 –
80° ca. 50 Minuten gedarrt. Es riecht dann aromatisch, schmeckt süß (Stärke
wandelt sich teilweise in Zucker um) und nußartig. Darren verkürzt die Einweich-
und Kochzeit, und das Getreide wird leichter verdaulich.

Demeter:
Biologisch dynamisch angebaute Lebensmittel und daraus entstandene Produkte
werden so bezeichnet. Es ist die älteste aller ökologischen Landbauformen (seit
1924) und basiert auf der Anthroposophie von Rudolf Steiner. Der grundlegendste
Unterschied zu den herkömmlichen Anbauweisen ist die Berücksichtigung der
Äther- und Astralkräfte. Die sogenannten Ätherkräfte manifestieren sich in den vier
Elementen Luft, Licht, Wasser und Erde und werden ihrerseits durch die astralen
Kräfte, die von den Sternen und Planeten stammen, unterstützt. Diese Anbauform
dürfte die umweltschonendste und freundlichste aller Anbauweisen sein. Die Er-
zeugnisse aus biologisch dynamischem Anbau sind qualitativ am hochwertigsten.
Der Name Demeter ist geschützt.

E

Eier:
sowie Fleisch und Fisch sind für eine gesunde, ausgewogene Ernährung nicht notwendig und für den Säugling und das Kleinkind im ersten Lebensjahr wegen ihrer
schweren Verdaulichkeit nicht zu empfehlen. Man kann ein Ei durch einen Eßlöf-
fel vollfettes Sojamehl ersetzen.

Einfrieren:
Haben Sie im Sommer Gelegenheit, an bestimmte Früchte zu kommen, spricht
nicht viel dagegen, diese auch portionsweise einzufrieren. Die Vitamine und Mineralien bleiben weitgehend erhalten. Sie sollten das Gefriergut jedoch gut ver-
schließen, damit es nicht vereist. Vermerken Sie bitte auch das Einfrierdatum auf
der Verpackung, denn je länger das Gefriergut eingefroren ist, desto höher ist
der Verlust an Vitaminen.

Eisen:
Die Behauptung, daß durch vegetarische Kost dem Körper zu wenig Eisen zuge-
führt wird, ist nicht haltbar. Gerade bei Personen, die sich vollwertig ernähren,

14

ergeben Blutuntersuchungen häufig einen über dem Durchschnitt liegenden Gehalt an Blutfarbstoff. Das Erythrozythenvolumen besteht zu 34 % aus Hämoglobin, dem roten Blutfarbstoff. Hämoglobin besteht zu 4 % aus der sauerstofftragenden Gruppe Häm und zu 96 % aus Eiweiß. Nur mit Hilfe von Eisenatomen ist eine Bindung von Sauerstoff an Hämoglobin möglich.

F

Fleisch:
In gemäßigten, subtropischen und tropischen Klimazonen kann optimale Gesundheit am besten ohne Fleisch erreicht und bewahrt werden. Ein Großteil der heutigen weltweiten wissenschaftlichen und auch empirischen Forschung weist immer überzeugender nach, daß unser Glaube an einen hohen Eiweißbedarf überholt und falsch ist, und daß der tatsächliche tägliche Bedarf an Eiweiß in der menschlichen Ernährung sehr weit unter dem liegt, was man bisher als notwendig angesehen hat. Voneinander unabhängige Forscher zeigen auch auf, daß, entgegen unserem früheren Glauben, Proteine aus pflanzlichen Quellen bezüglich ihres Nährwertes höher als tierische Proteine einzustufen sind oder zumindest als gleichwertig betrachtet werden können. Proteine können, obwohl sie lebenswichtig sind, sehr schädlich sein, wenn man davon mehr als den tatsächlichen Bedarf konsumiert. Tierische Proteine haben immer einen nachteiligen Einfluß auf einen Heilungsprozeß. Zuviel gekochtes tierisches Eiweiß kann schwere gesundheitliche Störungen hervorrufen. Massentierhaltung, Massenzucht und die damit verbundene Umweltverschmutzung und -zerstörung spricht auch gegen einen hohen Fleischverbrauch.

G

Getreide:
Amaranth, Buchweizen, Dinkel, Gerste, Grünkern, Hafer, Hirse, Kamut (Urweizen, der nie mit anderen Sorten gekreuzt wurde), Mais, Quinoa, Reis, Roggen, Weizen. Getreide niemals zusammen mit Trockenfrüchten lagern. Diese Nahrungsmittel nehmen sich gegenseitig ihre bioenergetischen Kräfte.
Eine Aufstellung aller Getreidearten finden Sie am Ende des Buches.

Getreideflocken:
Durch das Herstellungsverfahren sind Getreideflocken nicht mehr so vollwertig wie unbehandeltes Getreide. Auf Reisen oder bei Besuchen sind sie eine sehr gute Alternative zu gemahlenem Getreide.

Getreidemühle:
Sie ist eines der wichtigsten Küchengeräte, erleichtert Ihnen die Arbeit sehr und ist eine Anschaffung für viele Jahre, die sich bestens bezahlt macht. Wer sich zunächst vor dem teuren Kauf scheut, kann sich ja eventuell eine preiswerte Getreidemühle mit Stahlmahlwerk oder eine handbetriebene Mühle kaufen, mit dem Nachteil, daß man nur sehr kleine Mengen damit verarbeiten kann. Zu jeder guten Küchenmaschine können Sie auch einen Getreidemühlenaufsatz (Stahlmahlwerk) erwerben. Für Hobbybäcker ist jedoch eine Getreidemühle mit Mahlsteinen unerläßlich, um besonders feines, flockiges Mehl zu mahlen.

Gewürze:
Chilli, Curry, Koriander, Kurkuma, Muskat, Natriumglutamat, Paprika, Pfeffer, usw. sollten für das Essen der Kinder bis zu einem Jahr nicht benutzt werden. Manche Inhaltsstoffe reizen den empfindlichen Magen der Kinder noch zu sehr.

Glasreibe:
zum feinen Reiben von Äpfeln für Breie für die Kleinsten (3 – ca. 7 Monate, je nach Gewohnheit) und für Kinder, die Durchfall haben.

Gluten:
nennt man das Klebereiweiß (Stärke) des Getreides. Personen, die aufgrund einer Glutenunverträglichkeit (Zöliakie, Strue) Getreide meiden müssen, können auf Amaranth, Buchweizen, Mais, Quinoa und Reis zurückgreifen. Diese Getreide sind glutenfrei. Dinkel ist von den heimischen Getreiden das Korn mit geringerem Glutengehalt.

Gomasio:
ein Würzmittel, das aus geröstetem Sesam und Meersalz besteht. Es hat einen angenehmen, nußigen Geschmack und ist wie Kräutersalz zu verwenden.

H

Hefeflocken:
sind ein gesundes Naturprodukt und enthalten pflanzliches Eiweiß, Spurenelemente, Mineralien und besonders die Vitamine B1 und B2. Die Flockenform der Hefe erlaubt eine vielseitige Verwendung und ist besonders zum Würzen von Kindernahrung geeignet.

Honig:
ist eine Besonderheit und sollte als solche geschätzt und verwendet werden. Honig wird wie jedes »Lebensmittel« durch Erhitzen im Wert gemindert. Benutzen Sie deshalb für den »rohen Gebrauch« nur naturbelassenen, ungeschleuderten und nicht erhitzten Honig (Imker, Reformhaus, Bioläden). Lediglich zum Backen und Kochen können Sie Honig mit Wärmeschaden verwenden.

Hülsenfrüchte:
sind die reifen, trockenen Samen der »Leguminosen«. Hülsenfrüche enthalten bis zu 24 % mehr Eiweiß als Fleisch. Besonders wertvoll ist der hohe Faserstoffanteil von10 %. Dieser ist für Blähungen verantwortlich, bringt aber auch die Verdauung auf Trab.

I

Industrie-Nahrungsmittel:
z.B. Konserven oder Fertignahrungsmittel, auf die Sie bei einer vollwertigen Ernährung weitgehend verzichten sollten. Wie bereits Kollath sagte: »Laßt unsere Nahrung so natürlich als möglich.«

Integrierter kontrollierter Anbau:
ist eine Anbauweise, bei der das Wissen um die richtige Standortwahl, schonende Bodenbearbeitung, Fruchtfolge und die exakte Düngung (mit Mineraldünger) sowie ein umweltverträglicher Pflanzenschutz genutzt wird. Alternativ anbauende Erzeuger sehen diese Form des Anbaus nicht sehr gern, da Verbraucher den integrierten kontrollierten Anbau mit dem kontrolliert biologischen Anbau verwechseln können.

J

Joghurt:
Reformjoghurt, der mit *Lactobacillus acidophilus* anstelle der üblichen Joghurtkulturen hergestellt wird, ist eine Quelle für natürliche Darmbakterien und wirkungsvoller als der übliche Joghurt. Regelmäßige Aufnahme von Acidophilus hält den Darm sauber und ist bei einer Antibiotika-Behandlung besonders zu empfehlen, denn Antibiotika zerstören die nützliche Darmflora.

Johannisbrotkernmehl:
ein Dickungsmittel, mit dem man Speisen, die nicht erhitzt werden, andicken kann.

K

Käse:
ist ein relativ gesundes Nahrungsmittel, das einen hohen Eiweißanteil, Mineralstoffe (vor allem Kalzium), Aminosäuren sowie die Vitamine A und E aufweist.
Achten Sie beim Kauf auf eine hochwertige Qualität. Rohmilchkäse ist wegen seiner naturbelassenen Inhaltsstoffe und der schonenden Herstellungsweise herkömmlichen pasteurisierten Käsearten vorzuziehen. Käse sollte nicht als Hauptmahlzeit, sondern nur in geringeren Mengen als Beilage oder als Speiseergän-
zung verwendet werden, da sein hoher Eiweiß- und Salzanteil zu konzentriert,
d.h. nicht bekömmlich ist.

Kalzium:
und Magnesium sind die wichtigsten Mineralien für einen gesunden Knochenaufbau und gesunde Zähne. Sie helfen dem Körper, viele giftige Substanzen zu
neutralisieren und auszuscheiden (wie z.B. Blei, Quecksilber, Kadmium, usw.).

Kakao:
ist der Name des Pulvers aus der Bohne des tropischen Kakaobaumes und sollte
nicht zur Kinderernährung verwendet werden, denn er enthält das schädliche
Theobromin (verhindert die Harnsäureausscheidung) und außerdem auch Koffein.
Kakao hat eine leberverstopfende Wirkung und enthält Wirkstoffe, die den Stoffwechsel hemmen und eine normale Blutzirkulation verhindern.

Ketchup:
Wußten Sie, daß herkömmlicher Ketchup 8 % mehr Zucker enthält als Eiscreme?
Siehe auch unter »Phosphat«, Seite 23.

Kontrollierter biologischer Anbau (KbA):
trägt zur Schadstoffreduzierung, zum Umweltschutz und zur Erhaltung der ländli-
chen Struktur bei. Produkte aus KbA sind mit Warenzeichen gekennzeichnet. Die
besonderen Merkmale des ökologischen Anbaus sind unter anderem: vielseitiger
Anbau (keine Monokultur), nur organische Düngung (mit Jauche, Stallmist und
Kompost) und Rückführung der Nährstoffe. Schädlingsbekämpfung erfolgt durch
pflanzenstärkende Mittel und Nützlingseinsatz.

Da dieser Anbau sehr arbeitsintensiv ist, sind die Preise höher als bei konventionell angebautem Gemüse.

Kräuter:
gelten schon seit Urzeiten als wirksame Heilmittel. Sie hielten dann wegen ihres Wohlgeschmacks und ihrer besonderen Wirkung auf die Gesundheit als Würzmittel in der Küche Einzug. Kräuter sind appetit- und verdauungsfördernd und liefern nebenbei wichtige Mineralstoffe, Vitamine und Spurenelemente.
Alle Kräuter sollten möglichst frisch verwendet und nicht gekocht werden.

Basilikum
ist magenstärkend und blähungswidrig. Es ist reich an Beta-Carotin. Basilikum paßt zu allen italienischen Gerichten und besonders zu allen Tomatenspeisen.

Bohnenkraut
wirkt antibakteriell bei Durchfall und Darmstörungen. Es paßt zu allen Bohnengerichten, zu Gurken und Tomaten.

Borretsch
hat entgiftende und entzündungshemmende Wirkungen. Es ist reich an Kalium, Kalzium, Silizium. Borretsch paßt zu Salaten, Bohnengemüsen und Kräutersoßen.

Dill
hat den höchsten Beta-Carotin-Gehalt aller Kräuter. Er enthält viel Vitamin C und Folsäure sowie Phosphor und Schwefel. Er wirkt blähungswidrig und ist geeignet zur Anregung des Harnflusses. Dill kann gegen Schlafstörungen helfen und beruhigen. Er schmeckt gut zu Gurken-, Tomaten- und Kartoffelsalat.

Estragon
wirkt appetitanregend, magenstärkend, galleanregend und entwässernd. Es paßt zu Eiergerichten, hellen Saucen und zu Salaten.

Kerbel
hat blutverdünnende Wirkung. Es schmeckt zu allen Kartoffelgerichten, zu Salaten und Saucen.

Liebstöckel (auch Maggikraut)
hat einen sehr intensiven Geschmack, und sollte sparsam verwendet werden. Es paßt gut in alle Suppen und Eintöpfe, auch in Gemüsesalate und -gerichte und rundet den Geschmack ab.

Lorbeer
ist das Blatt des Lorbeerbaumes, der im Mittelmeerraum beheimatet ist. Nicht
zu verwechseln mit den giftigen Lorbeerarten. Lorbeer paßt gut in Eintopf-
gerichte und zu Sauerkraut, pulverisiert auch zu süßen, weißen Soßen.

Petersilie
wirkt entwässernd und entgiftend. Sie ist nicht ohne Grund das am häufigsten
verwendete Küchengewürz. Petersilie enthält überdurchschnittlich viel Kalium,
Eisen und Beta-Carotin sowie Vitamin C und E, große Mengen an Folsäure und
Vitamin B1, B2 und B6. Sie ist ein Universalgewürz und kann vielseitig verwendet werden.

Pimpernelle oder Bibernelle
ist im Geschmack dem Borretsch ähnlich. Sie wird hauptsächlich in Salaten,
Suppen und Eintöpfen verwendet und ist in der französischen und italienischen
Küche zu Hause.

Pfefferminze
wird wegen ihrer magenstärkenden Wirkung vorwiegend als Tee verwendet. Sie
sollte aber nicht über einen längeren Zeitraum täglich verwendet werden. Pfefferminze schmeckt sehr gut zu Eierspeisen oder in Süßspeisen.

Rosmarin
wirkt verdauungsfördernd, magenstärkend und gegen Blähungen. Er hat einen
sehr intensiven, kräftigen Geschmack. Rosmarin paßt zu Bratkartoffeln und
Gemüsen.

Salbei
hat eine entzündungshemmende Wirkung und wirkt pilz- und bakterientötend.
Außerdem ist er gut für den Stoffwechsel und die Fettverdauung. Er hat einen
etwas herben, aber doch angenehmen Geschmack. Die italienische Küche verwendet ihn zum Würzen von Sahnesoßen und für Nudelgerichte.

Schnittlauch
ist der mildere Verwandte von Zwiebeln, Lauch und Knoblauch. Seine Senföle
wirken positiv auf die Schleimhäute. Er ist wie die Petersilie ein Universalwürz-
mittel und sollte nur roh, z.B. zu den Gemüsebreien und zu Salaten verwendet
werden, sonst verliert er sein feines Aroma.

Thymian (auch Quendel)
wirkt gegen Blähungen und regt die Drüsen- und Fettverdauung an. Er paßt zu Bohnengemüse, zu Getreidebratlingen und zu deftigen Kartoffelsuppen.

Ysop (auch Josefskraut)
ist ein Küchengewürz mit einem stechenden und leicht bitteren Geschmack. Sparsam eingesetzt kann er für Eintöpfe und Salate verwendet werden.

L

Lebensmittel:
sind wie der Name schon sagt »lebende Mittel« für die Ernährung, d.h. alle frischen Gemüse- und Obstsorten, Vollgetreide, Nüsse und Samen, frische kaltgeschlagene Öle, usw.

M

Margarine:
(siehe auch unter »Butter«) Wenn Sie Margarine verwenden wollen, achten Sie bitte auf ungehärtete, reine Pflanzenmargarine aus dem Reformhaus. Nur diese Margarine ist praktisch frei von Transfettsäuren.

Marmelade:
Die herkömmliche Marmelade sollte bei der Vollwerternährung (siehe auch unter »Zucker«, Seite 27) nicht verwendet werden. Es gibt allerdings sehr gute Alternativen wie z.B. Fruchtmuse. Auf schonende Weise werden die Früchte püriert und mit Honig etwas gesüßt. Sie sind deshalb nur einige Tage im Kühlschrank haltbar. Man kann solche Fruchtmuse auch ganz leicht selbst herstellen, indem man frische, reife Früchte mit dem Mixer oder Pürierstab püriert und mit Honig etwas süßt.

Mengenangaben:
zu den Rezepten finden Sie jeweils im Rezeptteil bei den Zutaten. Vergessen Sie nicht, daß die Menge auch vom Appetit des Kindes, von Wachstumsschüben und anderen Faktoren bestimmt sein kann.

Milch:
siehe unter »Rohmilch«.

Mineralwasser:
sollte weitgehend nitrat-, natrium- und kohlensäurefrei sein. Ein Nitritgehalt von 10 mg/pro Liter sollte für Babynahrung nicht überschritten werden.

N

Nüsse und Samen:
Cashewnüsse, Erdnüsse, Haselnüsse, Makadamianüsse, Mandeln, Pistazien und Paranüsse, die allerdings wegen ihrer Bereitschaft, Schwermetalle zu speichern, nicht zu empfehlen sind.
Kürbiskerne, Leinsamen, Mohn, Sesam, Sonnenblumenkerne, Pinienkerne.

O

Obst:
sollten Sie Ihrem Kind, wie auch Gemüse und Getreide, nicht in kaltem Zustand direkt aus dem Kühlschrank geben. Bei der Zubereitung von einem Obstbrei kann man die notwendige und bereits vorbereitete Getreidemenge mit dem Obst in das Mixgefäß geben und dieses in ein Wasserbad mit heißem Wasser stellen. Am besten für das Wasserbad die Schale verwenden, aus der Sie dann Ihr Kind füttern, dann ist diese auch schon vorgewärmt.
Bitte achten Sie beim Einkauf auf frisches, aber reifes Obst der Saison. Durch die hohe natürliche Süße des Obstes muß man nicht nachsüßen.

Achtung! Auf bestimmte Obstsorten können Babys unter 12 Monaten eventuell noch allergisch reagieren, z.B mit Wundsein, Hautausschlag oder Bauchkrämpfen. Dies können Citrusfrüche wie Orangen, Mandarinen, Zitronen und Grapefruits sein, oder auch Beeren und Steinobst. Sie sollten einen ersten Versuch mit kleinen Mengen Obst dieser Art ab dem 6. Monat machen, sollten dann aber bei einer negativen Reaktion Ihres Babys für den nächsten Versuch nochmals 6 Monate abwarten, bis der Verdauungstrakt Ihres Kindes ausgereifter ist. Sehr enzymreiche exotische Obstarten wie Mango, Papaya, Guave und Ananas sollten in rohem Zustand in unseren Breitengraden erst ab dem 1. Lebensjahr gegeben werden.

Ö

Öle:
Naturbelassene Öle sind wichtig, aber auch hier gilt das Gebot, nur wenig zu verwenden. 1–2 EL pro Tag sind genug. Kaltgepreßte, nicht raffinierte Öle aus biologi-

schem Anbau sind die gesündesten, denn sie haben einen hohen Anteil an mehrfach ungesättigten Fettsäuren und fettlöslichen Vitaminen. Für unsere Rezepte verwenden wir Sonnenblumen- oder Olivenöl. Keine Angst vor Olivenöl! Kaltgepreßtes Öl hat einen sehr milden, fruchtigen Geschmack, den Kinder gern mögen.

P

Phosphat:
ist ein Gegenspieler von Calcium und sollte, um einen gesunden Knochen- und Zahnaufbau zu gewährleisten, vermieden werden. Phosphate sind z.B. in folgenden Produkten enthalten: Cola/Fanta und Softdrinks, Ketchup, Schmelzkäse, Wurst und Räucherwaren, Schokonußcreme, folienverpackte Brote, usw.
Ein zu hoher Phosphatgehalt der Nahrung kann u.a. die Zinkabsorption verhindern und die Manganabsorption vermindern. Beides sind wichtige Spurenelemente.

Pürieren:
Bis zum 8. Lebensmonat sollte das Gemüse und das Obst noch fein püriert werden, da es das Kind sonst nicht vertragen kann. Am schonendsten kann man mit einem Sieb die Nahrung passieren. Mit dem Mixer ist es einfacher.

Q

Quark:
wurde früher aus Rohmilch erzeugt. Heute wird der Quark nur noch aus erhitzter Milch hergestellt. Dazu wird die Milch mindestens 10 Minuten lang auf 95 ° C erhitzt, weitere Verfahren schließen sich an. Daraus ergibt sich nun ein denaturiertes Produkt, ein Eiweißkonzentrat. Tierisches Eiweiß in so konzentrierter Form ist eine große Belastung für die Leber. Deshalb sollten Sie herkömmlichen Quark nicht so oft und sehr sparsam verwenden.

R

Rohkost:
Gemüse und Obst in ungekochtem Zustand sollte **vor** jeder gekochten Mahlzeit gegessen werden. Einige Gemüsearten wie z.B. Kohlrabi sind roh leichter verdaulich. Siehe auch unter »Vollwertkost«, Seite 26.

Rohmilch:
ist unbehandelt, nicht erhitzt und ist die beste und gesündeste Milch. Bei bestimmten Krankheiten sollte auf Milch verzichtet werden, da das artfremde Ei-

weiß den Eiweißstoffwechsel zusätzlich belastet. Asthmatiker, lymphatische Kinder, Hautkranke (Neurodermitis, Schuppenflechte), Rheumatiker sollten auf Milch, d.h. auf tierisches Eiweiß, verzichten. Ausnahme: Schafs- und Ziegenrohmilch. Das Protein dieser Milchsorten wird mit dem der Muttermilch verglichen. Deshalb gelten sie als die biologisch hochwertigsten Milchsorten (tierischer Art), sind aber leider nur sehr selten zu erhalten. Eine geeignete Alternative für Ziegenmilch ist das Ziegenmilchpulver, erhältlich in guten Reformhäusern oder Bioläden.

Geeignet für die Kinderernährung sind auch: Demeter- und Bioland-Vollmilch. Diese Milcharten sind pasteurisiert, d.h. sie wurden kurze Zeit auf 80° C erhitzt.

Verzichten Sie auf H-Milch oder auf pasteurisierte, homogenisierte Milch.

S

Schafsmilch:
Siehe unter »Rohmilch«.

Sago:
ist eine pflanzliche Speisestärke, die ursprünglich aus Palmenmark gewonnen wurde. Sago quillt nur in heißer Flüssigkeit und bindet alles Flüssige, wie z.B. Obstgrützen, Flammeris, Kaltschalen und Suppen aus Früchten und Gemüse.
Es gibt verschiedene Sago-Sorten:

Echter Sago	– aus dem Mark der Sago-Palme
Tapioka-Sago	– aus den Wurzelknollen des Maniokbaumes
Perl-Sago oder	
Deutscher Sago	– aus Kartoffelstärke

Salz:
In der Vollwertküche wird Salz nur sehr sparsam und in Form von Naturmeersalz oder Kräutermeersalz verwendet. Säuglinge und Kleinkinder benötigen nur geringe Mengen Salz, welche in Gemüse- und Ostsorten ausreichend vorhanden sind. Also bitte Vorsicht! Siehe auch unter »Schokolade«, Seite 24 und »Gomasio«, Seite 16.

Schokolade und Süßes:
Auch wenn uns eine Vorliebe für Süßes in die Wiege gelegt wird (Muttermilch hat einen süßlichen Geschmack), ist damit noch nicht gesagt, wie süß etwas sein muß,

daß es Kinder mögen. Ein Kind, das an hohe Konzentrationen von Süßem, z.B. Fertigmilchpulver für Flaschennahrung, gezuckerte Tees, süße Breikost, Kekse, Kabafläschchen usw., bereits im Säuglingsalter gewöhnt ist, wird immer alles sehr süß mögen. Hier liegt die große Chance für Eltern, ihre Kinder mit gesunder Vollwertkost an »weniger süß« zu gewöhnen. Dasselbe gilt übrigens auch für das Salz.

Stabmixer:
und ein hohes, schmales Mixgefäß sind unentbehrlich und sehr hilfreich zum Zerkleinern der Breikost.

Süßungsmittel:
Es gibt verschiedene Arten zu süßen:
Honig, Ahornsirup, Zuckerrübensirup, Birnen- oder Apfeldicksaft oder flüssige Melasse.
Wir bevorzugen kaltgeschleuderten Akazienhonig. Dieser Honig hat einen feinen Geschmack, ist sehr dünnflüssig und gut zu verarbeiten.
Trockene Süßungsmittel wie Vollrohrzucker (im Handel als Ursüße erhältlich) und Vollrübenzucker eignen sich für das Fläschchen nicht so gut, sind aber für Speisen, die mit Zimt und Zucker bestreut werden, sehr gut geeignet.

T

Trinken:
Ihr Kind sollte am besten nur Tees, z.B. Kräutertee und Früchtetee oder Mineralwasser ohne Kohlensäure in zimmerwarmem Zustand trinken. Siehe auch »Mineralwasser«, Seite 22. Säfte sind nur sehr stark verdünnt mit Wasser, mindestens 1:2 zu empfehlen.

Trockenfrüchte:
(ungeschwefelte Reformhausqualität); z.B. Rosinen, Pflaumen, Feigen, Datteln, Mangos, Ananas, Aprikosen, Birnenschnitze und Apfelringe sind eine gute Alternative zu frischen Früchten, bzw. zu Süßigkeiten. Sie können auch eingeweicht und kleingeschnitten, bzw. püriert gut in das Frühstücksmüsli gemischt werden. Da diese Früchte natürlichen Zucker in hochkonzentrierter Form enthalten, erübrigt sich ein Nachsüßen mit Honig. Siehe auch »Getreide«, Seite 15.

U

Ungesättigte Fettsäuren:
siehe »Öle«, Seite 22 und »Margarine«, Seite 21.

V

Vanille:
Die gelbe Fruchtkapsel (Schote) der Vanille-Orchidee ist nicht mit dem chemisch hergestellten Vanillin zu vergleichen. Die Vanilleschoten werden unreif gepflückt. Nach einem Trocknungs- und Fermentierungsprozeß sind die Schoten dunkelbraun und haben ein süß duftendes Aroma. Mit Vanille aromatisiert man Feinbackwaren, Süßspeisen, Eis und Konfekt.

Vegetarier:
Man unterscheidet drei Arten von Vegetariern
– die Ovo-Lacto-Vegetarier: Eier, Milch- und Milchprodukte werden in der Ernährung mitverwendet.
– die Lacto-Vegetarier: nur Milch- und Milchprodukte werden in der Ernährung mitverwendet.
– die Veganer: verwenden überhaupt keine tierischen Produkte in der Ernährung – auch keinen Honig. Meistens wird sogar Leder in der Bekleidung und in Gebrauchsgegenständen vermieden.
Siehe auch unter »Fleisch«, Seite 15.

Vitalstoffe:
Unter diesem Begriff ist eine Gruppe von Stoffen zusammengefaßt, die für das Leben unentbehrlich sind: Vitamine, Mineralstoffe, Spurenelemente, Enzyme, Aminosäuren und Faserstoffe.

Vollwertkost:
Darunter versteht man eine Ernährungsweise, in der ernährungsphysiologisch wertvolle Lebensmittel schonend, schmackhaft und abwechslungsreich zubereitet werden. Die Grundpfeiler dieser Kost sind Vollgetreide, Gemüse, Obst, Nüsse und Samen – möglichst alles aus kontrolliertem Anbau – sowie Milch und Milchprodukte, z.B. Butter, Sahne, Käse, Joghurt und Quark. Etwa die Hälfte der Lebensmittel werden als Frischkost (Rohkost) verzehrt. Fleisch und Eier spielen eine untergeordnete Rolle.

W

Wasserkocher:
Sehr einfach und schnell in der Handhabung sind schnurlose Wasserkocher; sollten zur Vereinfachung beim Kochen in keinem Haushalt fehlen.

Weizen:
69,3% Kohlenhydrate, 11,7% Protein, 2,0% Fett;
An Vitaminen enthält Weizen B2, B3, B5, C und viel Vitamin E. Er enthält die Mineralstoffe Magnesium, Phosphor, Eisen, Zink und sehr viel Kalzium.
Weizen ist das Korn, auf das allergisch veranlagte Kinder am meisten reagieren. Aus diesem Grund verwenden wir in unseren Rezepten anstelle des Weizens den artverwandten Dinkel.

X/Y

... hier fällt uns noch ein: Sie können auch problemlos die Getreidemenge für einen ganzen Tag am Abend zubereiten, d.h. mahlen, einweichen und ggf. kochen und im Kühlschrank aufbewahren. Die jeweilige Rezeptmenge hat man so schnell zur Verfügung. Ab dem 12. Lebensmonat genügt es, wenn Sie das Getreide nicht mehr kochen, sondern nur noch 2–8 Stunden quellen lassen. Außerdem können Sie es dann auch zunehmend gröber mahlen.

Z

Ziegenmilch:
Siehe »Rohmilch«, Seite 23.

Zimt:
stammt ursprünglich aus Indien und gehört zur Familie der Lorbeergewächse. Er hat besondere Wirkung auf den Magenausgang und damit verbundene Störungen. Zimt ist magenstärkend, blähungswidrig und hilft bei Aufstoßen und krampfartigen Beschwerden, außerdem hat er eine positive Wirkung bei Periodenbeschwerden. Zimt wird in der indischen Küche sehr viel verwendet.
Zimt paßt gut zu allen Brei- und Süßspeisen und Kuchen.

Zucker:
in Form von weißem Haushaltszucker wird in der Vollwertküche überhaupt nicht verwendet. Im Rahmen einer vitalstoffreichen Vollwerternährung muß man nicht viele Gerichte süßen. Vollkornkuchen und -gebäck werden mit Honig oder Vollrohrzucker gesüßt.

2. KAPITEL

Flaschennahrung

Wenn Sie nicht stillen können, gibt es die Möglichkeit, Säuglinge mit vollwertiger Flaschennahrung zu ernähren. Also nicht gleich zu Fertigprodukten greifen! Sie können den Säugling stufenweise an Getreide heranführen, zunächst mit Körnerwasser (1. Tag bis ca. 4 Wochen), dann mit Getreideschleim (2. – 3. Monat) und schließlich mit Vollgetreide (ab 4. Monat).

Die folgenden Mengenangaben sollen eine Orientierungshilfe sein. Gestillte Kinder trinken auch unterschiedliche Mengen pro Mahlzeit, bzw. Tag. Schon gleich zu Beginn ihres Lebens haben die Babys Wachstumsschübe und trinken eventuell an manchen Tagen mehr.

Sie können die gesamte Tagesmenge auf einmal zubereiten und im Kühlschrank portionsweise in Fläschchen abgefüllt aufbewahren. So müssen Sie nur noch die Flasche im Wasserbad auf Körpertemperatur erwärmen und eventuell süßen.
Beachten Sie die Größe des Saugerloches. Die Milch soll aus der Saugeröffnung nur heraustropfen, sonst schluckt der Säugling zuviel Luft.

Ernährungsplan als Orientierungshilfe

Lebensalter	Zahl der Mahlzeiten/Tag	ca. Menge/Flasche in ml	ca. Menge/Tag in ml
1. Tag	nach Bedarf	20 ml	nach Bedarf
2. Tag	5–6	25 ml	150 ml
3. Tag	5–6	35 ml	200 ml
4. Tag	5–6	50 ml	300 ml
5. Tag	5–6	60 ml	350 ml
6. Tag	5–6	75 ml	400 ml
7. Tag	5	80 ml	400 ml
2. Woche	5	100 ml	500 ml
3. Woche	5	110 ml	550 ml
4. bis 6. Woche	5	140 ml	700 ml
6. bis 8. Woche	5	150 ml	750 ml
8. bis 12. Woche	5	160 ml	800 ml

TIP

Man unterscheidet bei den Mandeln zwischen Bitter- und Süßmandel.
Die Bittermandeln enthalten Blausäure und sollten niemals roh gegessen werden. Aus ihnen wird eine Essenz destilliert, die zum Backen verwendet wird.
Die Süßmandel kann sowohl roh oder in Gebäck und Speisen verarbeitet werden.
Es gibt zwei verschiedene Arten von Mandelmus. Weißes Mandelmus (ohne Schalen gemahlen) und braunes Mandelmus (mit Schalen gemahlen). Das weiße Mandelmus eignet sich besonders gut für Mandelmilch.
Für Kinder, die Kuhmilch nicht vertragen, ist Mandelmilch ein idealer Ersatz.
Allerdings sollten Sie Mandelmilch abwechselnd mit anderen kuhmilchfreien Produkten verwenden.

INFO

Süßmandel
19,5 % Kohlenhydrate, 18 % Protein, 11 % Öl;
Süßmandeln enthalten mehrfach ungesättigte Fettsäuren, Kalzium, Potassium, Magnesium, Phosphor, Mangan, Kalium, Schwefel, Chlor, Eisen, Natrium, Kupfer und die Vitamine B1, B2, B3 und Vitamin H (bekannt als Biotin, gehört zur Gruppe der B-Vitamine).
Bei dieser Ansammlung von Mineralien und Spurenelementen ist es kein Wunder, daß der Mandel *besondere Heilkräfte* nachgesagt werden. Es gilt als offenes Geheimnis, daß der tägliche Genuß von drei gekauten Mandeln keine Geschwulst im Körper zuläßt.

NOTIZEN

Mandelmilch

Zutaten

1. Variante (einfach)

100 ml Mineralwasser
1 TL   Mandelmus
*evtl. etwas Süßungsmittel
(z.B. Honig)*

*2. Variante
für eine Vorratsmenge von
500 ml*

60 g   *geschälte Mandeln*
500 ml Wasser
*evtl. etwas Süßungsmittel
(z.B. Honig)*

Zubereitung

Die Zutaten gut mischen.

Die Mandeln fein mahlen. Das Wasser leicht erwärmen, die feingemahlenen Mandeln und das Süßungsmittel langsam dazugeben und gut unterrühren. Das Ganze ca. 20 Minuten stehenlassen, anschließend durch ein Haarsieb abgießen.

TIP

Wenn die Sesammilch für ein Müsli verwendet werden soll, ist ein Abgießen (wie bei der Zubereitung beschrieben) nicht nötig.

INFO

Sesam
ca. 20 % Protein, 50 % Öl, das zu 90,4 % aus ungesättigten Fettsäuren besteht (incl. Gamma-Linolsäure);
Magnesium, Kalzium, Phosphor;
Vitamin B1, B2, B3, A, C und einen besonders **hohen Vitamin-E-Gehalt**.
Sesam liefert alle notwendigen Aminosäuren und wirkt besonders leberstärkend.
Diese eiweiß- und lecithinreiche **Gehirn- und Nervennahrung** benötigt ca.
4 Stunden Verdauungsarbeit (Mandelmilch ca. 3 Stunden).

Süßungsmittel siehe »Wissenswertes von A-Z: Honig«, Seite 17 und »Süßungsmittel«, Seite 25.

NOTIZEN

Sesammilch

Zutaten

für eine Vorratsmenge von
500 ml

40 g geschälter Sesam
500 ml Mineralwasser
etwas Süßungsmittel
(z.B. Honig)

Zubereitung

Den Sesam pulverfein mahlen und mit 500 ml
Wasser (z.B. im Elektromixer) vermischen.
Anschließend kann alles (wenn nötig) durch
ein feines Haarsieb abgegossen werden.
Die Sesammilch portionsweise in Flaschen ab-
füllen und verschlossen im Kühlschrank aufbe-
wahren.
Bei Bedarf ein Fläschchen im Wasserbad auf
Körpertemperatur erwärmen.
Das Süßungsmittel erst vor dem Füttern dazu-
geben.

TIP

Für den Milchanteil können Sie Kuh-, Soja-, Mandel-, Sesam- oder Ziegenmilch verwenden. Bei einer Allergieveranlagung des Kindes, die meistens schon am Milchschorf auf dem Kopf zu erkennen ist, sollten Sie ganz auf Kuhmilch verzichten und auf eine der anderen Milcharten ausweichen.
Man nennt eine Mischung aus Milch und Wasser im Verhältnis 1:1 Halbmilch.
Sie ist verträglicher für den Säugling.
Siehe auch »Wissenswertes von A–Z: Rohmilch«, Seite 23.

INFO

Hafer
60 % Kohlenhydrate, 14,2 % Protein, 7,5 % Fett;
Vitamin A, B1, B2, B3, C und sehr viel Vitamin E;
Phosphor, Eisen, Kupfer, Fluor, Zink, Magnesium und Calcium.
Das Jod im Hafer mag die geheimnisvolle Kraft dieses Getreides erklären. Hafer ist lebenswichtig für die **Funktion der Schilddrüse**.

Hafer ist bei Frost und Kälte zu empfehlen. Es ist ein **wärmendes Getreide** und **schafft Energie**. Hafer fördert die **Verdauung**.

Reis siehe »Reisschleim«, Seite 39.

Süßungsmittel siehe »Wissenswertes von A-Z: Honig«, Seite 17 und »Süßungsmittel«, Seite 25.

NOTIZEN

_____

_____

_____

_____

Das erste Fläschchen

Für die ersten 3 – 4 Wochen

Zutaten

für eine Vorratsmenge von
600 ml

1 EL Hafer oder Reis

300 ml Mineralwasser

300 ml Milch

1 TL kaltgepreßtes Sonnen-
blumenöl

evtl. etwas Süßungsmittel (z.B.
Honig)

Zubereitung

Das Getreide mit dem Wasser 5 Minuten auf-kochen und anschließend ca. 12 Stunden (am besten über Nacht) einweichen. Dann noch einmal ca. 30 Minuten aufkochen und durch ein Haarsieb abgießen. Das nun erhaltene Körnerwasser wieder auf 300 ml Gesamtmen-ge mit Mineralwasser auffüllen. Mit der Milch vermischt erhält man 600 ml Halbmilch.
Diese Halbmilch portionsweise in Flaschen ab-füllen und verschlossen im Kühlschrank aufbe-wahren.
Das Fläschchen dann bei Bedarf im Wasser-bad auf Körpertemperatur erwärmen.
Das Öl und das Süßungsmittel erst vor dem Füttern dazugeben.

TIP

Ziegenmilch ist ein idealer Ersatz für alle Fälle, in denen Kinder eine Kuhmilch-Unverträglichkeit haben.
Bedauerlicherweise ist frische Ziegenmilch nur schwer zu bekommen. Als gute Alternative können Sie jedoch das in vielen Bioläden und Reformhäusern angebotene Ziegenmilchpulver verwenden.

Statt Reis können Sie natürlich auch Haferflocken oder Dinkel verwenden.

Wenn das Baby 3 Monate alt ist, können Sie die Halbmilch bezüglich der Konzentration auf 2/3-Milch verändern. Ab dem 6. Lebensmonat können Sie Vollmilch verwenden.

INFO

Ziegenmilch hat eine andere Proteinstruktur als Kuhmilch. Ihre Fettkügelchen sind kleiner und leichter verdaulich. Der Anteil an freien und kurzkettigen Fettsäuren ist höher. Die Ziegenmilch ist von allen Milcharten hinsichtlich ihrer Struktur **der Muttermilch am ähnlichsten**.

Reis siehe »Reisschleim«, Seite 39.

NOTIZEN

Ziegenmilch

Fürs Baby

Zutaten

für eine Vorratsmenge von 500 ml

mit reiner Ziegenmilch:

1 EL Reis

250 ml Mineralwasser

250 ml Ziegenmilch

1 TL kaltgepreßtes Sonnenblumenöl

1 TL Honig

mit Ziegenmilchpulver:

1 EL Reis

25 g Ziegenmilchpulver

500 Mineralwasser

1 TL kaltgepreßtes Sonnenblumenöl

1 TL Honig

Zubereitung

Den Reis im kochenden Wasser ca. 5 Minuten garen, dann ca. 12 Stunden (am besten über Nacht) einweichen. Den Reis mit dem Einweichwasser noch einmal 30 Minuten kochen und durch ein Haarsieb abgießen. Die nun erhaltene Flüssigkeit wieder auf 250 ml mit Mineralwasser auffüllen. Mit der abgekochten Ziegenmilch vermengen. Dies ergibt 500 ml Halbmilch.

Die Halbmilch portionsweise in Flaschen abfüllen und verschlossen im Kühlschrank aufbewahren.

Das Fläschchen bei Bedarf im Wasserbad erwärmen und dann erst das Öl und das Süßungsmittel unterrühren.

Wenn Sie die Vorratsmenge aus Ziegenmilchpulver herstellen wollen, müssen Sie nur die angegebene Menge Pulver in das kochende Wasser einrühren, den Reisschleim wie oben beschrieben zubereiten und mit der zubereiteten Pulvermilch vermischen. Die weitere Zubereitung erfolgt wie oben beschrieben.

TIP

Reisschleim ist ein bewährtes Mittel gegen Magen- und Darmerkrankungen (z.B. Erbrechen und Durchfall). In diesem Falle sollte man die Milch durch Wasser ersetzen und eine Prise Salz hinzufügen.

INFO

Reis
75 % Kohlenhydrate, 8 % Protein, 2,2 % Fett;
Vitamin B1, B2, B3 und das Provitamin A;
Kalium, Eisen, Magnesium, Phospor, Kalzium.

Reis ist **das am leichtesten verdauliche Getreide.** Das Eiweiß im Reis ist nicht nur in den Randschichten, sondern im ganzen Korn verteilt. Die chemische Zusammensetzung des Reiskorns begünstigt die **Flüssigkeitsausscheidung des Körpers.**
Die Ausgewogenheit von Kalium und Natrium im Reis ist besonders erwähnenswert und in keinem anderen Korn in dieser Form vorhanden. Reis enthält kein Gluten.

Gute Kombinationen mit Reis sind:
Reis mit Gemüse und Reis mit frischen Früchten.

Milchreis mit Süßungsmittel oder eingemachten Früchten ist nicht so empfehlenswert, da jeweils beide Komponenten säurebildend sind. Reis mit Eiern sowie Reis mit Mandelmilch sind schwer verdaulich.

NOTIZEN

_____

_____

_____

_____

Reisschleim

Zutaten

Vorratsmenge für einen Tag;
5 Flaschen à 150 ml

100 g Reis
200 ml Einweichwasser
350 ml Mineralwasser
350 ml Milch

Zubereitung

Den Reis schroten, mit dem Einweichwasser vermischen und 4 – 8 Stunden (über Nacht) bedeckt quellen lassen.
Diesen Getreidebrei dann mit dem restlichen Wasser 10 – 15 Minuten aufkochen und nachquellen lassen. Die kalte Milch hinzufügen, gut umrühren und alles durch ein feines Haarsieb streichen.
Den gesamten Reisschleim portionsweise in Flaschen abfüllen und verschlossen im Kühlschrank aufbewahren.
Jedes Fläschchen dann bei Bedarf im Wasserbad auf Körpertemperatur erwärmen.

TIP

Die Milch können Sie beliebig ersetzen, z.B. durch Sojatrunk.

Frischkornmandelmilch erhalten Sie, wenn Sie Mandelmilch, d.h. 400 ml Mandelmilch (= 400 ml Wasser mit 2 EL Mandelmus vermischen) verwenden.

INFO

Dinkel
67,7 % Kohlenhydrate, 13,1 % Protein, 2,45 % Fett;
Vitamin B2, B3, B5, B17, C + E;
Kalzium, Eisen, Phosphor, Magnesium, Zink, 8 Aminosäuren.
Die Mineralstoffe und Spurenelemente machen den Dinkel zu einem wertvollen Nahrungsmittel. Besonders zu erwähnen ist der **hohe Phosphorgehalt.** Phosphor benötigt der Körper zum **Aufbau aller Körperzellen,** insbesondere aber der Gehirn-, Leber- und Muskelzellen.
Dinkel ist – im Gegensatz zu den meisten gezüchteten Getreidearten – **genetisch gesund.** Seine Spelzhülle besteht aus Deckspelz und Vorspelz (Doppelhülle) und ist deshalb resistent gegen Umweltverschmutzung.

NOTIZEN

Frischkornmilch

Zutaten

Vorratsmenge für einen Tag;
5 Flaschen à 150 ml

100 g Getreide (z.B. Dinkel)
300 ml Mineralwasser
400 ml Milch
Süßungsmittel nach Bedarf
(z.B. Honig)

Wenn Sie nur ein Fläschchen
mit ca. 120 ml Gesamtmenge
herstellen wollen, gelten fol-
gende Zutaten:
20 g Getreide
(2 gestrichene EL)
45 ml Wasser, 60 ml Milch

Zubereitung

Das Getreide sehr fein mahlen, mit dem kochenden Wasser verrühren und 4 – 8 Stunden
(über Nacht) bedeckt quellen lassen. Diesen
Getreidebrei dann 10 – 15 Minuten aufkochen und nachquellen lassen.
Die kalte Milch hinzufügen, gut umrühren,
portionsweise in Flaschen abfüllen und im
Kühlschrank aufbewahren.
Das Süßungsmittel erst bei Bedarf dazugeben
und das Fläschchen im Wasserbad auf Körpertemperatur erwärmen.

3. Kapitel

Gemüsebreie

Essen will gelernt sein! Vor allem, wenn ein Säugling plötzlich mit dem Löffel Nahrung zu sich nehmen soll. Für gestillte Kinder ist dies ein weiterer Schritt weg von der Mutter in die Selbständigkeit. Bei nicht gestillten Kindern können Sie mit ca. 2 – 3 Monaten erste »Breiversuche« unternehmen. Sie sollten dann das hungrige Kind nicht lange warten lassen.

Es empfiehlt sich, die Breimahlzeit in Ruhe vorzubereiten, das Kind eventuell zuerst kurz zu stillen und dann mit Brei zu füttern. Hier ist unter Umständen viel Geduld erforderlich. Die Menge steigern Sie ganz individuell nach den Eßgewohnheiten Ihres Kindes.
Wenn Sie das Gefühl haben, daß das Kind überhaupt kein Interesse an dieser Mahlzeit hat, versuchen Sie es am nächsten Tag oder ein paar Tage später noch einmal. Lehnt Ihr Kind den Gemüsebrei dann noch immer ab, probieren Sie es einfach mit einem Obstbrei. *Man darf den Spaß am Essen nie vergessen!*

Für alle Getreidebreie gilt: Je älter Ihr Kind wird, desto besser arbeitet der Verdauungstrakt und desto eher kann das Kind auch etwas gröber gemahlenes Getreide verwerten.
Sie können auch problemlos die Getreidemenge für einen ganzen Tag am Vorabend zubereiten. Siehe »Wissenswertes von A–Z: X/Y«, Seite 27.

Ernährungsplan als Orientierungshilfe

Lebensalter	Anzahl der Mahlzeiten				
1. – 4. Lebensmonat	Muttermilch * oder Flaschennahrung * nach Bedarf				
5. Lebensmonat	*	*	**GB**	*	*
6. Lebensmonat	*	*	**GB**	*	G-OB
7. Lebensmonat	*	*	**GB**	OB	G-OB
8. Lebensmonat	*	G-OB	**GB**	OB	G-OB
9.–12. Lebensmonat	G-OB	**GB**	OB	G-OB	

GB = Gemüsebrei
OB = Obstbrei
G-OB = Getreide-Obstbrei

TIP

Karottenpüree ist als erste Gemüsemahlzeit sehr gut geeignet. Selbst zubereitete Karotten haben einen feinen, süßlichen Geschmack und sind daher sehr beliebt bei Kindern.

Das Gemüse kann man in kleine Portionen aufteilen, einfrieren und bei Bedarf im Wasserbad schonend erwärmen. Vor dem Essen etwas Öl unterrühren.

INFO

Karotten
sind große Beta-Carotin-Lieferanten. Sie enthalten auch eine erhebliche Menge Kalzium, was dieses Gemüse für den **Knochenaufbau** (wachstumsfördernd) und die **Zahnbildung** besonders wertvoll macht.
100 g gedünstete Karotten decken bereits den Tagesbedarf an Beta-Carotin eines Erwachsenen.
Karotten werden meistens auch **von allergiekranken Kindern sehr gut vertragen**.

Sonnenblumenöl siehe unter »Wissenswertes von A–Z: Öl«, Seite 22.

NOTIZEN

Karottenpüree

Ab 3. Monat

Zutaten

für mehrere Mahlzeiten, da jedes Kind zunächst unterschiedlich »wenig« ißt.

3-4 mittelgroße Karotten
1-2 Tropfen kaltgepreßtes Sonnenblumenöl

Zubereitung

Die Karotten schälen und in Scheiben schneiden. In einen Topf gerade soviel Wasser geben, daß das Gemüse bedeckt ist, und gar kochen. Anschließend in einem hohen Gefäß die Karotten mit etwas von der beim Kochen entstandenen Gemüsebrühe mit dem Mixer fein pürieren.
Vor dem Essen etwas Öl unterrühren.

TIP

Nicht vergessen!
Die Hirse schon ca. 6 Stunden vor dem Essen zubereiten! Dies gilt für alle folgenden Rezepte in denen Getreide verwendet wird.
Siehe »Wissenswertes von A–Z: Aufgeschlossenes Getreide«,
Seite 12 und »X/Y«, Seite 27.

Je älter Ihr Kind wird, desto kürzer können Sie die Koch- und Nachquellzeit des Getreides wählen.

Wenn Sie noch keine Getreidemühle haben, können Sie auch Hirseflocken verwenden. Sie sollten die Flocken in wenig heißem Wasser (gerade bedeckt) ca. 10 Minuten quellen lassen.

INFO

Hirse
71 % Kohlenhydrate, 10 % Protein, 3,9 % Fett;
alle 10 essentiellen Aminosäuren sowie alle B-Vitamine, Vitamin A, C und E;
Kalium, Natrium, Kalzium, Kupfer, Magnesium, Eisen, Phosphor, Fluor und Silizium.

Es gibt keine andere Getreideart, die einen so **ausgewogenen Vitalstoffanteil** wie dieses **glutenfreie** Korn hat.

Hirse, Buchweizenganzkorn und Mais wirken auch gekocht nicht
säuernd.

Karotten
siehe Rezept »Karottenpüree«, Seite 45.

Karottenpüree
mit Hirse

Ab 3. Monat

Zutaten

2 EL Hirse
2-3 mittelgroße Karotten
*$^1/_2$ TL kaltgepreßtes Sonnen-
blumenöl*

Zubereitung

Das Getreide fein mahlen und in einem kleinen Kochtopf mit heißem Wasser so bedecken, daß ein Brei entsteht. Diesen ca.
10 Minuten quellen lassen. Den Hirsebrei unter ständigem Rühren (evtl. etwas Wasser
nachgießen) ca. 10 Minuten kochen und
anschließend 2-8 Stunden (über Nacht) nachquellen lassen.
Die Karotten schälen und in Scheiben schneiden. In einen Topf gerade so viel Wasser geben, daß das Gemüse bedeckt ist, und es gar
kochen. Anschließend in einem hohen Gefäß
die Karotten mit etwas von der beim Kochen
entstandenen Gemüsebrühe mit dem Mixer
fein pürieren.
Alle Zutaten miteinander vermischen.
Vor dem Essen etwas Öl unterrühren.

TIP

Je älter Ihr Kind wird, desto größer wird auch der Appetit. Sie können die Mengen der Zutaten entsprechend erhöhen.

Wenn Sie gleich für zwei oder mehrere Mahlzeiten kochen, bitte daran denken, daß die Hefeflocken und das Öl erst kurz vor dem Füttern untergemischt werden sollen.

INFO

Zucchini
sind unreif geerntete Markkürbisse. Mit Gurken und Kürbissen sind sie eng verwandt, sind aber wasserärmer und mineralreicher als diese. Tiefgefrieren lassen sie sich, wie auch Gurken, leider nicht, da sie wegen des hohen Wassergehalts nach dem Auftauen zusammenfallen und bitter werden.
Die Schale sollte mitgegessen werden. In ihr befindet sich wertvolles Beta-Carotin. Sie enthält Spuren des kostbaren Selen sowie Vitamin C, Schleim- und Bitterstoffe und noch eine Reihe Mineralstoffe.
Dieses milde, kalorienarme Gemüse **pflegt den Verdauungstrakt** und **stärkt das Immunsystem.** Es ist gut verträglich für kranke und empfindliche Menschen.

Reis siehe Rezept »Reisschleim«, Seite 39.

Karotten siehe Rezept »Karottenpüree«, Seite 45.

NOTIZEN

Karottenpüree
mit Zucchini und Reis

Ab 4. Monat

Zutaten

1 Karotte
1/2 kleine Zucchini
1 EL Vollkornreis
(Am besten, Sie kochen für die ganze Familie Reis, und neh-men davon die entsprechende Menge ab.)
1/2 TL Hefeflocken
1 TL kaltgepreßtes Sonnenblu-menöl

Zubereitung

Den Reis waschen, ca. 1 Stunde einweichen, dann gar kochen.
Die Karotte waschen, ggf. schälen, in Schei-ben schneiden und in wenig Wasser garen.
Die Zucchini waschen und schälen (bei älteren Kindern nicht mehr notwendig), auch in Schei-ben schneiden und nach ca. 5 Minuten zu-sammen mit den Karotten fertig garen.
Das Gemüse, 2 EL Reis und ca.
2–3 EL von der entstandenen Gemüsebrühe fein pürieren.
Erst jetzt die Hefeflocken und das Öl unter-mischen.

49

TIP

Bei frischem Spinat ist es oft schwer einzuschätzen, wie viel tatsächlich nach dem Putzen noch übrigbleibt.
Die Menge der Zutaten müssen Sie mit zunehmendem Lebensalter erhöhen.
Ein 12 Monate altes Kind ißt 2–3 Kartoffeln und 200–250 g Spinat.

INFO

Spinat
Im Frühjahr gehört der Spinat zu den ersten frischen Gemüsen.
Ab Mitte März bis Dezember ist er auf dem Markt erhältlich.
Spinat enthält Natrium, viel Kalium, Kalzium, Magnesium, Phosphor und Eisen.
Besondere Beachtung verdient der **hohe Beta-Carotin-Gehalt** und die **Folsäure** (Vitamin M). Neben dem Vitamin E sind auch noch B-Vitamine enthalten.
Durch seine wertvollen Inhaltstoffe wirkt sich Spinat wohltuend auf die **Bauchspeicheldrüse**, auf die **Leber** und **Nieren** und auf die **Verdauung** aus. Das gute Kalzium-Phosphor-Verhältnis beeinflußt positiv das **Knochen- und Längenwachstum;** Spinat ist deshalb für Kinder in der Wachstumsphase ideal – sollte aber unbedingt aus kontrolliert biologischem Anbau stammen.
Die Oxalsäure sowie der Nitratgehalt ist bei jungem Spinat geringer. Spinat sollte immer mit Milch oder Sahne zubereitet werden, um die Oxalsäure zu binden. Dieses Gemüse soll man nicht mehr aufwärmen.

Kartoffeln siehe Rezept »Avocado mit Kräuterquark und Pellkartoffeln«, Seite 107.

NOTIZEN

_____

_____

_____

_____

Spinat immer mit Milch o. Sahne

Rahmspinat
mit Kartoffeln

Ab 4. Monat

Zutaten

1 mittelgroße Kartoffel

150 g frischer Spinat

2 Messerspitzen Gemüsebrühe

2-3 EL Sahne

$^1/_2$ TL Hefeflocken

Zubereitung

Die Kartoffel schälen, vierteln und weich kochen.

Den Spinat waschen und putzen. Die Stiele entfernen, und die Blätter grob kleinschneiden. Den Spinat in einer kleinen Pfanne mit etwas Öl 3–5 Minuten dämpfen.

Die Kartoffelstücke mit dem Spinat, der Gemüsebrühe, etwas Wasser und der Sahne mit dem Mixer fein pürieren.

Zuletzt die Hefeflocken unterrühren.

TIP

Fenchel läßt sich leichter pürieren, wenn man ihn quer zum Pflanzenfaserverlauf in Stücke teilt.

INFO

Fenchel
ergibt sowohl roh als auch gedünstet ein sehr schmackhaftes Gemüse, welches anregend auf die **Nerven** und auch auf den Magen und den Darm wirkt.
Er enthält viel Vitamin B, C und Beta-Carotin, außerdem die Mineralstoffe Kalium, Kalzium, Phosphor und sehr viel Eisen.
Fenchelsamen treibt Gase und **Blähungen** sanft aus dem Körper und wird darum gern für Säuglinge und Kleinkinder als Tee verwendet.
Als Wintergemüse ist es bei **Erkältungen** und **Bronchitis** hilfreich;
es erleichtert das Atmen.

Karotten siehe Rezept »Karottenpüree«, Seite 45.

Kartoffeln siehe Rezept »Avocado mit Kräuterquark und Pellkartoffeln«,
Seite 107.

NOTIZEN

Fenchel-Karotten-Gemüse
mit Kartoffeln

Ab 4. Monat

Zutaten

1 mittelgroße Karotte

$^1/_2$ Fenchelknolle

2 kleine Kartoffeln

1 Messerspitze Gemüsebrühe

1 TL Hefeflocken

2 EL süße Sahne

1 TL feingehackte Petersilie

1 TL kaltgepreßtes Oliven- od. Sonnenblumenöl

Zubereitung

Das Gemüse gründlich waschen und putzen (evtl. schälen).

Die Kartoffeln schälen.

Karotte und Kartoffeln in kleine Stücke schneiden und in wenig Wasser garen.

Den Fenchel etwas gröber schneiden und ca. 5 Minuten später dazugeben, da Fenchel eine kürzere Garzeit hat.

Das Gemüse mit etwas Gemüsewasser in den Mixer geben und zu Brei pürieren.

Die Gemüsebrühe und die Sahne untermischen.

Zuletzt die Hefeflocken, die sehr feingehackte Petersilie und das Öl unterrühren.

TIP

Ab dem 12. Lebensmonat können Sie auch zu dem gekochten Gemüse zusätzlich eine halbe rohe Karotte oder ein Stück rohen Kohlrabi fein reiben und unter die fertige Mahlzeit mischen.
Bei allen anderen Gemüserezepten ist das selbstverständlich auch möglich.

INFO

Kohlrabi
Die verschiedenen Kohlarten, darunter der Kohlrabi, sind weniger wegen ihres Gehaltes an Nährstoffen, sondern wegen ihres **Mineralsalzreichtums** und wegen des **Vitamingehalts** für die Ernährung so wertvoll.
Die Blätter des Kohlrabi haben fast doppelt soviel Beta-Carotin, Vitamin C, Kalzium, Phosphor und Eisen als die Knolle selbst. Deshalb die Knolle mit den Blättern so frisch wie möglich verwenden und die Blätter kleingehackt als Gewürz oder püriert mitverarbeiten. Roh und gerieben verbessert Kohlrabi den **Gallenfluß** und die **Nierentätigkeit.**

Dinkel siehe Rezept »Frischkornmilch«, Seite 41.

Karotten siehe Rezept »Karottenpüree«, Seite 45.

NOTIZEN

_____

_____

_____

_____

_____

_____

_____

Karotten-Kohlrabi-Gemüse
mit Dinkel

Ab 6. Monat

Zutaten

Nicht vergessen! Den Dinkel schon ca. 6 Stunden vorher zubereiten.

3 EL Dinkel
2 Karotten
$^1/_2$ Kohlrabi
1 EL Sahne
$^1/_2$ TL Hefeflocken
1 TL Sonnenblumenöl

Zubereitung

Den Dinkel fein mahlen und in einem kleinen Topf mit heißem Wasser so bedecken, daß ein dicker Brei entsteht; 10 Minuten quellen lassen. Diesen Brei ca. 10 Minuten kochen (evtl. Wasser nachgießen) und anschließend 2–8 Stunden (über Nacht) nachquellen lassen.
Das Gemüse schälen, putzen, in kleine Stücke schneiden und in leicht kochendem Wasser garen.
Alle Zutaten und etwas von dem Gemüsewasser mit dem Stabmixer fein pürieren.
Zuletzt die Hefeflocken und das Sonnenblumenöl untermischen.

TIP

Eine reife Avocado kann man an ihrer Schale erkennen, sie ist nicht mehr so sattgrün, weist schon kleinere bräunliche Flecken auf und gibt auf Druck mit dem Finger nach. Dann muß die Avocado aber schnell verbraucht werden, sonst wird sie überreif und ist nicht mehr genießbar.

INFO

Avocado

wird auch »Butter des Urwalds« genannt. Sie enthält bis zu 30 % Fett, zu 75 % mehrfach ungesättigte Fettsäuren, die Vitamine E, A, C und B6 sowie Folsäure.

Die Avocado zählt eigentlich nicht zu den Gemüsesorten, sie ist eine tropische Frucht. Sie wird schon seit ca. 9000 Jahren in Mexiko angebaut, was Grabfunde bewiesen. Da sie aber einen sehr neutralen Geschmack hat, ist sie sehr gut mit einheimischem Gemüsesorten zu kombinieren.

Man sollte sie wegen ihres **gesundheitlichen Wertes** regelmäßig verzehren.

Karotten siehe Rezept »Karottenpüree«, Seite 45.

Kartoffeln siehe Rezept »Avocado mit Kräuterquark und Pellkartoffeln«, Seite 107.

NOTIZEN

Avocadogemüse

Ab 10. Monat

Zutaten

2 mittelgroße Karotten
2 Kartoffeln
$1/2$ TL Gemüsebrühe
2-3 EL Sahne
1 TL Hefeflocken
$1/4$ reife Avocado

Zubereitung

Die Karotten waschen, säubern, in schmale Scheiben schneiden und in heißem Wasser bißfest kochen.

Die Kartoffeln schälen, in kleine Würfel schneiden, zu den Karotten geben und weich kochen.

Das Gemüse entweder mit dem Mixer pürieren oder mit der Gabel zerdrücken.

Die Sahne und die Hefeflocken dazugeben. Zum Schluß die Avocado schälen, mit der Gabel zerdrücken und unter das Gemüse mischen.

TIP

Durch das Einweichen des Reises verkürzt sich die Kochzeit. Sie können den Reis auch beliebig länger quellen lassen.

Tomaten wirken basisch. Wenn sie gekocht werden, sind sie allerdings säure-bildend. Tomaten sollten aus diesem Grund nur bei geringer Wärme gegart werden.

INFO

Tomaten

Wie israelische Wissenschaftler jetzt feststellten, erhöht der tägliche Verzehr von einem Pfund Tomaten die Anzahl der Killerzellen im Blut. Dies bewirkt der rote Pflanzenfarbstoff Lycopin. Dieses Pflanzenpigment wirkt zehnfach stärker als Beta-Carotin.

Eigentlich ist die ursprünglich aus Südamerika stammende Tomate eine Beere und mit der Kartoffel verwandt. Beide gehören zur Familie der Nachtschatten-gewächse. Die Tomate ist ein **gesundes Heilgemüse**, das die **Abwehrkräfte** stärkt.

Sie enthält die Vitamine A, B, C, E dazu Mineralstoffe, vor allem Kalium, den seltenen Kobalt, Zink und Nickel. Sie wirkt **entwässernd** und blutverdünnend und ist deshalb für Blutdruckkranke zu empfehlen.

Lauch

gehört zu den Laucharten wie auch der Schnittlauch, die Zwiebel und der Knob-lauch. Er ist besonders reich an Ballaststoffen und an den Mineralstoffen Kalium, Kalzium, Magnesium und Phosphat. Lauch enthält die Vitamine E, C und B, Folsäure und die Spurenelemente Eisen und Mangan, was **Leber** und **Galle anregt** und **entwässert**. Seine schwefelhaltigen Stoffe sind **verdauungs-fördernd** und **desinfizierend**. Durch seine Pflanzenschleime wird der Darm gereinigt. Bei Verschleimung der Bronchien wirkt Lauch, zusammen mit Gerste gekocht, stark lösend.

Reis siehe Rezept »Reisschleim«, Seite 39.

Tomatengemüse
mit Reis

Ab 11. Monat

Zutaten

30 g Vollkornreis

1 kleine Stange Lauch

2-3 Tomaten

$^1/_2$ TL Gemüsebrühe

2-3 EL Kräuter (z.B. Basilikum, Petersilie)

1 TL Hefeflocken

Zubereitung

Den Reis waschen, ca. 1 Stunde einweichen und gar kochen.

Den Lauch säubern und waschen. Das obere, dunkle Ende der Lauchstange nicht für die Kindermahlzeit verwenden. Den Lauch in dünne Scheiben schneiden und in etwas Butterschmalz oder Olivenöl dämpfen. Die Tomaten waschen, säubern, in kleine Würfel schneiden und zusammen mit dem Lauch schonend garen.

Zum Schluß die Gemüsebrühe und die kleingeschnittenen Kräuter dazugeben.

Sie können das Tomatengemüse und den Reis mit dem Stabmixer pürieren.

Kinder ab dem oben angegebenem Alter können diese Mahlzeit eventuell auch schon unpüriert essen.

Vor dem Servieren die Hefeflocken untermischen.

TIP

Es genügt, den Blumenkohl nur zu einem Drittel mit Wasser bedeckt bei niedriger Temperatur zu garen. Die zarten Röschen werden im entstehenden Wasserdampf schonender gegart.

Eine besondere Frische erhält diese Mahlzeit, wenn Sie noch zusätzlich eine kleine rohe Karotte fein reiben und vor dem Servieren untermischen.

INFO

Blumenkohl
wird in Österreich Karfiol genannt. Es gibt auch die Sorte Romanesco, er hat statt der weißen Röschen des Blumenkohls hellgrüne bis cremefarbene, spitzige Röschen und wird wie Blumenkohl zubereitet.

Blumenkohl enthält neben den Mineralien Kalium, Kalzium, Magnesium, Phosphor, Natrium und Eisen auch Vitamine der B-Gruppe sowie die Spurenelemente Kupfer, Jod, Zink und Fluor. Er ist besonders für **magen- und darmempfindliche** Kinder geeignet und reinigt den Organismus.
Dies ist bei **Asthma, Arthritis, Nieren- und Blasenleiden** sehr gut. In der Volksmedizin verwendet man eine Abkochung der Blumenkohlblätter gegen **Heiserkeit** und gegen **Entzündung der Bronchialschleimhaut**.

Kartoffeln siehe Rezept »Avocado mit Kräuterquark und Pellkartoffeln«, Seite 107.

NOTIZEN

_____

_____

_____

_____

Blumenkohl
mit Kartoffeln

Ab 12. Monat

Zutaten

2-3 Kartoffeln

200 g Blumenkohl (eines klei-nen Kohls)

$^{1}/_{2}$ TL Gemüsebrühe

3 EL Sahne

1 TL Hefeflocken

1 EL gehackte Petersilie

Zubereitung

Die Kartoffeln mit der Schale gar kochen.
Den Blumenkohl säubern, waschen und noch einmal durchschneiden. Mit dem Strunk nach unten den Blumenkohl in den Topf legen und bißfest garen.
Die Kartoffeln und den Blumenkohl mit der Gemüsebrühe, der Sahne und 2–3 EL des Blumenkohlwassers vermischen.
Alles mit einer Gabel zerdrücken.
Zum Schluß noch die Hefeflocken und die feingehackte Petersilie dazugeben.

TIP

Es ist sinnvoll, Gemüse mit unterschiedlicher Garzeit (z.B. Karotten und Lauch) auch zu unterschiedlichen Zeitpunkten in den Gemüseeintopf zu geben. So erhält man jedes Gemüse optimal gegart.

INFO

Buchweizen
71 % Kohlenhydrate, 12 % Protein, 2,7 % Fett;
Er enthält Phosphor, Kalium, Kalzium, Kupfer, Magnesium, Eisen, Mangan, Vitamin C und Rutin.
Das besondere am Buchweizen ist sein **hoher Lysinanteil**. Lysin ist eine der wichtigsten Aminosäuren, die in Getreiden normalerweise kaum vorkommt und deshalb für die vegetarische Küche hervorzuheben ist. Lysin kommt in diesen Mengen fast ausschließlich in Fleisch vor.
Botanisch gesehen gehört der Buchweizen zu der Familie der Knöterichgewächse (wie auch Rhabarber, Sauerampfer).
Buchweizen ist ein besonders **wärmendes »Getreide«**. Es schmeckt nußartig und ist aufbauend.

NOTIZEN

Gemüseeintopf
mit Buchweizen

Ab 12. Monat

Zutaten

Nicht vergessen! Der Buchweizen muß 1 Stunde eingeweicht werden.

4 EL Buchweizen

2 Messerspitzen Gemüsebrühe

1 kleine Karotte

1 kleine Kartoffel

1 kleines Stück Lauch

1 Tomate

2 EL Kräuter (z.B. Schnittlauch, Petersilie, Basilikum)

2 EL Sahne

1 TL Hefeflocken

Zubereitung

Den Buchweizen nicht mahlen, sondern das ganze Korn waschen. Anschließend den Buchweizen mit 1 Messerspitze Gemüsebrühe in den Topf geben, mit kochendem Wasser bedecken und 1 Stunde quellen lassen.

Das Gemüse waschen und säubern, die Kartoffel schälen und in kleine Würfel schneiden. Zunächst die Karotten und etwas Wasser zu dem Buchweizen geben und gar kochen. Nach und nach die Kartoffel, den Lauch und die restliche Gemüsebrühe in den Topf geben. Erst wenn alles bißfest gegart ist, die Tomatenwürfel, die kleingehackten Kräuter und die Sahne untermischen. Den Gemüseeintopf noch 5 Minuten ziehen lassen.

Vor dem Servieren die Hefeflocken einrühren.

4. KAPITEL

Obstbreie

Obstbreie sind wegen ihres fruchtig-süßen Geschmacks bei Kindern sehr beliebt. Entgegen einer noch immer weitverbreiteten Meinung muß man Obstbreie **nicht** zusätzlich süßen.

Verwenden Sie nur reifes und nicht zu säurehaltiges Obst.
Mit Citrusfrüchten sollte man, zumindest in den ersten 6 Lebensmonaten, vorsichtig sein, da sie einen hohen Säureanteil aufweisen. Siehe »Wissenswertes von A–Z: Citrusfrüchte«, Seite 13.

Bei den Obstbreien ist es, wie bei den Gemüsebreien, sinnvoll, sie zunächst fein zu pürieren. Hat Ihr Kind schon einige Zähne und ist am Kauen interessiert, genügt es, das Obst oder das Gemüse mit der Gabel zu zerdrücken oder später nur noch klein zu schneiden.

Ernährungsplan als Orientierungshilfe

Lebensalter	Anzahl der Mahlzeiten				
1. – 4. Lebensmonat	Muttermilch * oder Flaschennahrung * nach Bedarf				
5. Lebensmonat	*	*	GB	*	*
6. Lebensmonat	*	*	GB	*	**G-OB**
7. Lebensmonat	*	*	GB	**OB**	**G-OB**
8. Lebensmonat	*	**G-OB**	GB	**OB**	**G-OB**
9.-12. Lebensmonat	**G-OB**	GB	**OB**	**G-OB**	

GB   = Gemüsebrei
OB   = Obstbrei
G-OB = Getreide-Obstbrei

TIP

Sie können auch ein anderes Getreide, z.B. Hirse für dieses Rezept verwenden.

INFO

Amaranth

62 % Kohlenhydrate, 16 % Protein, 2,5 % Fett;
In Amaranth sind enthalten: Kalzium, Eisen, 70 % Phosphor und ungesättigte Fettsäuren. Vor allem Lysin und Tryptophan (rar in einheimischen Getreidearten) sind wichtige Eiweißbausteine.

Amaranth ist jedem herkömmlichen Getreide durch seine biologische Wertigkeit, d.h. die **Zusammensetzung der Aminosäuren,** weit überlegen. Leuzin, das diesem Andengewächs fehlt, steuert in idealer Weise unser westliches Getreide wie Dinkel, Weizen, Roggen usw. bei. **Glutenfrei.**

Botanisch gesehen gehört Amaranth zur Familie der »Amaranthaceae«, der Fuchsschwanzgewächse.

Äpfel siehe Rezept »Vollkornmilchreis mit geriebenem Apfel«, Seite 77.

Bananen siehe Rezept »Apfel-Bananen-Hirsebrei«, Seite 71.

NOTIZEN

Obstbrei
mit Amaranth

Ab 3. Monat

Zutaten

Nicht vergessen! Das Amaranth schon ca. 6 Stunden vorher zubereiten.

1 EL Amaranth
¹/₄ Apfel
¹/₃ Banane
2 TL Mandelmus

Zubereitung

Das Amaranth fein mahlen und in einem kleinem Topf mit heißem Wasser so bedecken, daß ein dicker Brei entsteht, und diesen ca. 10 Minuten quellen lassen. Den Brei anschließend 10 Minuten kochen, evtl. Wasser nachgießen und dann 2-8 Stunden (über Nacht) quellen lassen.
Das vorbereitete Amaranth mit der Banane, dem geschälten und vom Kernhaus befreiten Apfelstück und dem Mandelmus in das Mixgefäß geben.
Alles zusammen mit dem Stabmixer fein pürieren.

TIP

Im Mischnußmus sind Mandeln, Haselnüsse, und Chashewnüsse enthalten. Es ist im Geschmack etwas kräftiger als reines Mandelmus.
Vorsicht bei allergisch reagierenden Kindern! Sie vertragen meistens die Haselnüsse nicht. Hier ist reines Mandelmus geeigneter.

INFO

Gerste
72 % Kohlenhydrate, 10 % Protein, 2,1 % Fett;
Vitamin B1, B2, B3 und viel Vitamin E; Eisen, Magnesium, Phosphor, Zink, Mangan, Kalium und Silizium.

Gerste ist ein stärkendes Korn und wird trotzdem leicht aufgenommen. Sie hat eine **aufbauende Wirkung für den Organismus.** Diese Fähigkeit wird allerdings von der **kühlenden Wirkung** der Gerste bei **fiebernden Kindern** noch übertroffen. Sie wirkt hier entlastend für den Stoffwechsel.

NOTIZEN

Flockenmüsli
mit Obst

Ab 4. Monat

Zutaten

4-5 EL Vollkorngetreideflocken
(z.B. Hafer und
Gerste)
80 ml Milch
100 g Obst nach Jahreszeit
1 TL Mischnußmus

Zubereitung

Die Vollkornflocken in der zimmerwarmen
Milch ca. 15 Minuten quellen lassen.
Das Obst dazugeben und alles fein pürieren.

TIP

Diese Mahlzeit eignet sich gut als Frühstück, bzw. als Abendmahlzeit für Ihr Kind.

INFO

Bananen

sind ein außergewöhnlich **nahrhaftes** und trotzdem **leicht verdauliches, reizarmes** Lebensmittel. Sie enthalten verhältnismäßig viel Kalium und Magnesium, Aminosäuren und wichtige Vitamine des B-Komplexes. Außerdem haben sie einen geringen Fettgehalt. Durch den **niedrigen Natriumgehalt** sind Bananen sehr gut für **Kinder- und Diätkost** geeignet. Verwenden Sie reife Früchte, bei denen der Stärkeanteil bereits in leichtverdaulichen Fruchtzucker umgewandelt wurde. Reife Bananen sind an den kleinen braunen Flecken auf der Schale zu erkennen.

Früchte von den Kanarischen Inseln (Naturland), aus Israel (Biotop), aus Togo in Westafrika (biodyn) und der Dominikanischen Republik (farm verified organic) stammen aus kontrolliert biologischem Anbau und sind für Babynahrung der kommerziellen Ware vorzuziehen. Die weitverbreitete Meinung, Pflanzenschutzmittelrückstände könnten nicht durch die dicke Schale gelangen, wurde inzwischen widerlegt.
Im kommerziellen Anbau werden vor allem synthetische Fungizide gegen Schimmel und Insektizide gegen Schädlinge benutzt, und es wird mit synthetischen Erzeugnissen gedüngt.

Süßmandel siehe Rezept »Mandelmilch«, Seite 31.

Apfel siehe Rezept »Vollkornmilchreis mit geriebenem Apfel«, Seite 77.

Apfel-Bananen-Hirsebrei

Ab 4. Monat

Zutaten

Nicht vergessen! Die Hirse schon ca. 6 Stunden vorher zubereiten.

1 EL Hirse
½ mittelgroßer Apfel
½ Banane (oder eine kleine Banane)
2 EL Milch
1 TL Mandelmus

Zubereitung

Die Hirse fein mahlen und in einem kleinen Topf mit heißem Wasser so bedecken, daß ein dicker Brei entsteht; 10 Minuten quellen lassen. Diesen Brei ca. 10 Minuten kochen (evtl. Wasser nachgießen) und anschließend 2-8 Stunden (über Nacht) nachquellen lassen. Die vorbereitete Hirse mit den anderen Zutaten im Mixgefäß mit dem Stabmixer fein pürieren.

Ist das Kind schon älter, kann man auch die Banane mit der Gabel zerdrücken und den Apfel auf der Glasreibe fein reiben.

TIP

Das Getreide können Sie auch vor dem Mahlen darren. Siehe »Wissenswertes von A–Z: Darren«, Seite 14.

INFO

Birnen
In ihren Inhaltsstoffen gleichen sie, bis auf ihren höheren Zucker-, Kalium- und Kalziumgehalt, denen des Apfels.
Birnen sind wegen ihrer **natürlichen Süße** und **Säurearmut** bei Kindern sehr beliebt. Sie sind milder und basenüberschüssiger als Äpfel und werden auch von säureempfindlichen Personen besser vertragen.

Buchweizen siehe Rezept »Gemüseeintopf mit Buchweizen«, Seite 63.

Bananen siehe Rezept »Apfel-Bananen-Hirsebrei«, Seite 71.

Mandelmus siehe Rezept »Mandelmilch«, Seite 31.

NOTIZEN

_____

_____

_____

_____

_____

_____

_____

Birne-Bananen-
Buchweizenbrei

Ab 4. Monat

Zutaten

*Nicht vergessen! Den Buchwei-
zen schon ca. 6 Stunden vorher zubereiten.*

1 EL Buchweizen
¹/₂ Birne
¹/₂ Banane
2 EL Milch
1 TL Mandelmus

Zubereitung

Den Buchweizen fein mahlen und in einem
kleinen Topf mit heißem Wasser so bedecken,
daß ein dicker Breit entsteht; 10 Minuten
quellen lassen.
Diesen Brei ca. 10 Minuten kochen (evtl.
Wasser nachgießen) und anschließend 2-8
Stunden (über Nacht) nachquellen lassen.
1 EL gequollenes Getreide mit der Birne, der
Banane, der Milch und dem Mandelmus fein
pürieren.

TIP

Heidelbeeren nur aus kontrolliertem Anbau, bzw. Zuchtheidelbeeren kaufen, da diese Früchte durch den Fuchsbandwurm sehr gefährdet sind.

INFO

Heidelbeeren
Diese Früchte sind ein vorzügliches **Magen-Darm-Reinigungsmittel.** Sie haben eine hervorragende Wirkung bei **Durchfall.** Es ist unbestreitbar, daß Heidelbeeren hohe Konzentrationen von Stoffen enthalten, die sowohl Bakterien als auch Viren abtöten können.
Von allen Obstarten haben die Heidelbeeren und die Johannisbeeren den höchsten Gehalt an therapeutischen Stoffen (Anthozyanoside), von denen bewiesen ist, daß sie **Bakterien abtöten,** vor allem Kolibakterien.
Neben der Hirse ist die Heidelbeere die beste Wahl für die **innere Reinhaltung und Desinfektion des Körpers.**

Hafer siehe Rezept »Das erste Fläschchen«, Seite 35.

Bananen siehe Rezept »Apfel-Bananen-Hirsebrei«, Seite 71.

NOTIZEN

Heidelbeer-
Haferbrei
Ab 4. Monat

Zutaten

Nicht vergessen! Den Hafer schon ca. 6 Stunden vorher zubereiten.

1 EL Hafer

50 g Heidelbeeren

$1/2$ Banane

2 EL Milch

1 TL Mandelmus

Zubereitung

Den Hafer fein mahlen und in einem kleinen Topf mit heißem Wasser so bedecken, daß ein dicker Brei entsteht; 10 Minuten quellen lassen.
Diesen Brei ca.10 Minuten kochen.
(evtl. Wasser nachgießen) und anschließend 2–8 Stunden (über Nacht) nachquellen lassen.
1 EL gequollenes Getreide mit den Heidelbeeren, der halben Banane, der Milch und dem Mandelmus vermischen.
Mit dem Mixer alle Zutaten fein pürieren.

TIP

Ist Ihr Kind schon etwas älter als 6 Monate, sollten Sie den Apfel nicht mehr schälen, da in der Schale **wertvolle Faserstoffe** enthalten sind. Es genügt dann auch, den Apfel auf einer normalen Reibe fein zu reiben.

INFO

Äpfel

sind Früchte, die in unserem Land reifen und uns das ganze Jahr zur Verfügung stehen. Äpfel enthalten Kalium, Kalzium, Phosphor, Jod, Folsäure, Vitamin C, Beta-Carotin, Eisen, Chlorophyll, geringe Mengen Natrium.
Der Apfel **entgiftet den Körper**. Das Apfelessen ist zur **Erhaltung der Zähne** zu empfehlen. Die Fruchtsäure kann Fäulniserreger im Mund zerstören und verhindert Zahnsteinbildung.
Rohe, feingeriebene Äpfel sind ein gutes Mittel gegen **Durchfall**. Es darf aber sonst nichts dazu gegessen werden.

Reis siehe Rezept »Reisschleim«, Seite 39.

Zimt siehe »Wissenswertes von A – Z«, Seite 27.

NOTIZEN

Vollkornmilchreis
mit geriebenem Apfel

Ab 6. Monat

Zutaten

50 g Vollkornreis
80 ml Wasser
20 ml Milch
$^1/_2$ TL Honig
2 Messerspitzen Zimt
1 Apfel

Zubereitung

Den Reis waschen und mit Wasser gut bedeckt 1 Stunde quellen lassen.
Das Einweichwasser abschütten und den Reis in 80 ml Wasser 15 Minuten kochen.
Anschließend die lauwarme Milch, den Honig und den Zimt dazugeben und 10 Minuten nachquellen lassen.
Den Apfel waschen, eventuell schälen und in kleine Stücke schneiden.
Den Milchreis und die Apfelstücke mit dem Mixgerät fein pürieren.

TIP

Obst siehe »Wissenswertes von A – Z«, Seite 22.

INFO

Brombeeren

sind morgens, auf nüchternen Magen gegessen, ein vorzügliches **Blutbildungs-mittel.** Für Kranke und Genesende sind Brombeeren eine erfrischende und stärkende Zugabe zu den Speisen. Die Brombeeren enthalten Zucker, Kalium, Kalzium, Magnesium, Mangan, Phosphor, Beta-Carotin, Folat, Vitamin C und geringe Mengen der B-Vitamine.

In ihren diätetischen Eigenschaften stimmen die Brombeeren mit denen von Himbeeren überein. Sie wirken günstig auf die **weiblichen Keimdrüsen** und damit verbundenen Störungen.

Der Saft der Brombeeren ist gut bei **Fieber** und sehr günstig bei **chronischem Bronchialkatarrh.**

Brombeerblättertee ist ein milder Kräutertee und über längere Zeit getrunken ein Heilmittel bei allen **Hautausschlägen** und **Flechten.**

Dinkel siehe Rezept »Frischkornmilch«, Seite 41.

Sanddorn siehe Rezept »Sanddorn-Getreide-Joghurt«, Seite 97.

NOTIZEN

Sanddorn-Obstbrei
mit Dinkel

Ab 6. Monat

Zutaten

Nicht vergessen! Den Dinkel schon ca. 6 Stunden vorher zubereiten.

1 EL Dinkel

100 g Obst nach Jahreszeit (z. B. Brombeeren, Birnen, Äpfel)

1 EL honiggesüßter Sanddornsaft

1 TL Mandelmus

Zubereitung

Den Dinkel fein mahlen und in einem kleinen Topf mit heißem Wasser so bedecken, daß ein dicker Brei entsteht; 10 Minuten quellen lassen.

Diesen Brei ca. 10 Minuten kochen (evtl. Wasser nachgießen) und anschließend 2-8 Stunden (über Nacht) nachquellen lassen.

Das Obst ggf. waschen, säubern und eventuell schälen. Alle Zutaten in ein hohes Mixgefäß geben und mit dem Stabmixer fein pürieren.

TIP

Sie erkennen eine reife Honigmelone an ihrem intensiven süßlichen Geruch. Außerdem ist sie am Blütenansatz etwas weicher, und man kann sie mit dem Daumen an dieser Stelle leicht eindrücken.

Wenn es schnell gehen soll, können Sie Ihrem Kind als Zwischenmahlzeit auch einfach nur die in Schnitze zubereitete oder mit der Gabel zerdrückte rohe Melone geben. Der sehr süße, angenehme Geschmack wird von allen Kinder geschätzt.

INFO

Melonen

Zuckermelonen gibt es in verschiedenen Sorten, und man kann sie in drei Gruppen einteilen: die Netzmelonen (erkennbar an ihrem Netzmuster auf der Schale, gelblich-grünes Fleisch), die glatten Melonen (die Schale ist ziemlich weich, grünliches Fleisch), die Cantaloupe-Melonen (gerippte, warzige Schale, orangefarbenes Fleisch). Außerdem gibt es die Wassermelonen (dunkelgrüne Schale und kräftig rotes Fleisch). Am bekanntesten sind die Honig- und Casabamelonen.

Neuesten Erkenntnissen zufolge erweist sich die Honigmelone (wie auch Zwiebeln, Knoblauch, Ingwer und der chinesische schwarze Pilz Mu-Err) als **Antikoagulans,** d.h. als Substanz, die die Blutgerinnung hemmt. Antikoagulantien sind wichtig zur **Vorbeugung von Thrombosen** und **Embolien, Herz- und Schlaganfällen.** Durch die **hohe Konzentration von Kartinoiden** wirken Melonen, wie auch andere Obst- und Gemüsearten, die reich an Beta-Carotin sind, **krebsbekämpfend.**

Melonen sind das **am schnellsten verdauliche Lebensmittel** überhaupt. Menschen mit empfindlicher Verdauung sollten deshalb zu Melonen nichts anderes essen, um Blähungen zu vermeiden.

Bananen siehe Rezept »Apfel-Bananen-Hirsebrei«, Seite 71.

Melonenspeise

Als Zwischenmahlzeit
ab 7. Monat

Zutaten

1 Stück reife Honigmelone

1 kleine Banane

1 EL feine Dinkel- oder Hirseflocken oder 1 TL bereits vorbereitetes Getreide

1 Messerspitze Zimt

1-2 EL Sahne

Zubereitung

Die saftige Melone und die Banane mit einer Gabel zerdrücken.

Die Getreideflocken oder das vorbereitete Getreide und den Zimt untermischen. Zum Schluß die Sahne unterrühren.

Einen cremigen Brei erhalten Sie, wenn Sie alle Zutaten in Stücke schneiden und mit dem Mixer fein pürieren.

Butz

TIP

Carob ist bei Kindern sehr beliebt. In kalter Milch mit dem Schneebesen verrührt ist es ein gesundes, nahrhaftes Getränk.

INFO

Carob
Die schotenähnlichen Früchte des Johannisbrotbaumes sind im Mittelmeerraum beheimatet. Carobpulver enthält wichtige Vitamine wie Beta-Carotin, Riboflavin (Vitamin B2) und Mineralstoffe wie Kalium, Kalzium (mehr als die Kuhmilch), Phosphor, Eisen, Kupfer und Magnesium.
Carob enthält einen **hohen Anteil an natürlichem Zucker** und **Faserstoffen.**
Wenig Fett und Natrium sind ebenfalls charakteristisch für Carob.
Außerdem ist es **frei von Theobromin und Koffein,** siehe unter »Wissenswertes von A – Z: Kakao«, Seite 18.

Apfel siehe Rezept »Vollkornmilchreis mit geriebenem Apfel«, Seite 77.

Bananen siehe Rezept »Apfel-Bananen-Hirsebrei«, Seite 71.

NOTIZEN

Carobmüsli

Ab 8. Monat

Zutaten

*Nicht vergessen! Die Getreide-
mischung schon
ca. 6 Stunden vorher
zubereiten.*

*1-2 EL Getreidemischung
(Buchweizen, Hirse, Amaranth)*
^{1}/2 Apfel
^{1}/2 Banane
2-3 EL Milch
1 TL Carobpulver

Zubereitung

Das Getreide fein mahlen und in einem Topf
mit heißem Wasser so bedecken, daß ein
dicker Brei entsteht; ca. 10 Minuten quellen
lassen. Diesen Brei weitere 10 Minuten kochen, evtl. Wasser nachgießen und anschließend 2-8 Stunden (über Nacht) nachquellen
lassen.
Die Getreidemischung mit dem geschälten
und kleingeschnittenen Obst, der Milch und
dem Carobpulver im Mixgefäß mit dem Stabmixer fein pürieren.

TIP

Wenn die Kirschenernte schon begonnen hat und Ihr Kind erst sechs oder sieben Monate alt ist, können Sie ruhig einmal probieren, ob es Kirschen schon verträgt. Bekommt es davon leichten Durchfall, ist der Darm noch nicht ausreichend gereift. Ein kleines Stück Banane in der Kirschenspeise wirkt hier ausgleichend.

INFO

Kirschen

sind erfrischende, gesunde Früchte.
Süßkirschen enthalten viel Kalium, außerdem Kalzium, Magnesium, Phosphor, Eisen, Beta-Carotin, sowie Folsäure und Vitamin C.
Die schwarze Süßkirsche unterscheidet sich von der roten Sauerkirsche in ihren Inhaltsstoffen nur durch ihren hohen Zuckergehalt.
Sauerkirschen haben gegenüber anderen Obstsorten den **höchsten Folsäuregehalt.** Folsäure gehört zur Gruppe der B-Vitamine und ist wichtig für den Aufbau roter Blutkörperchen. Außerdem haben Sauerkirschen einen **hohen Beta-Carotin-Gehalt.**
Reife Kirschen sind ein wirksames **Diätmittel für die Gesundheit blutarmer und bleicher Kinder.**

Hirse siehe Rezept »Karottenpüree mit Hirse«, Seite 47.

NOTIZEN

_____

_____

_____

_____

Kirschspeise
mit Zimt

Ab 8. Monat

Zutaten

1 EL Hirseflocken oder bereits gemahlene und gequollene Hirse

1 EL Wasser oder Milch

50 g reife, süße Kirschen

2-3 EL Joghurt

1 TL Mandelmus

$^1/_2$ EL Zimt

Zubereitung

Die Hirseflocken in dem heißen Wasser oder der handwarmen Milch kurz quellen lassen. Die Kirschen waschen, entsteinen und mit den restlichen Zutaten und der Hirse vermischen. Mit dem Mixgerät alles fein pürieren.

TIP

Die Pfirsiche lassen sich leichter häuten, wenn Sie die Frucht vorher kurz in heißes Wasser legen.
Siehe Rezept »Sanddorn-Obstbrei mit Dinkel«, Seite 79.

INFO

Pfirsiche
gehören zu den Edelfrüchten und stammen ursprünglich aus China. Sie haben, wenn sie reif sind, ein köstliches Aroma. Wichtige Inhaltsstoffe sind Kalium, Eisen, Beta-Carotin, Phosphor, Kalzium, Vitamin E und C und Spuren von Vitamin B1, B2 und B6.
Bei allen **Erkrankungen des Herzens** werden sie als **Kräftigungsmittel** empfohlen. Pfirsiche wirken sich außerordentlich günstig auf **Magen, Leber und Nieren** aus.

Vanille siehe »Wissenswertes von A – Z«, Seite 26.

Hafer siehe Rezept »Das erste Fläschchen«, Seite 35.

Banane siehe Rezept »Apfel-Bananen-Hirsebrei«, Seite 71.

NOTIZEN

Pfirsich-Bananen-Mus

Als Zwischenmahlzeit ab 9. Monat

Zutaten

1 EL feine Haferflocken

1-2 TL Sahne oder Wasser

$^{1}/_{2}$ Pfirsich

$^{1}/_{2}$ Banane

1 Messerspitze Vanillepulver

Zubereitung

Die Haferflocken mit der Sahne oder dem Wasser bedecken und kurz quellen lassen.
Das Obst schälen und in kleine Stücke schneiden.
Das Obst, die gequollenen Flocken und das Vanillepulver mischen und mit dem Stabmixer fein pürieren.

BuTZ

87

TIP

Getrocknete Datteln gibt es auch offen zu kaufen. Die offen angebotenen Datteln sind frischer, größer, fleischiger und süßer und schmecken ausgezeichnet. Sie können die Datteln auch 2-3 Stunden oder über Nacht mit Mineralwasser bedeckt einweichen. Mit dem Einweichwasser kann man das Müsli gut süßen.

INFO

Sechskornmischung
besteht meistens aus Weizen, Roggen, Dinkel, Hafer, Nacktgerste und Hirse.

Datteln
sind ein ausgezeichneter **Mineral- und Vitaminspender.**
In der Wüste sind sie oft wochenlang die einzige Nahrung. Sie **kräftigen das Herz und die Muskeln,** was dem **hohen natürlichen Zuckergehalt** und den anderen Inhaltsstoffen zugeschrieben wird. Datteln wirken **erhitzend** (wegen der gespeicherten Sonnenenergie) und sind besonders geeignet bei innerer Körperwärme sowie bei ständigem Frieren. Die intensive Wirkung der Datteln kann abgemildert werden, wenn man sie mit Milch zusammen ißt (z.B. im Müsli).

Bananen siehe Rezept »Apfel-Bananen-Hirsebrei«, Seite 71.

Birnen siehe Rezept »Birne-Bananen-Buchweizenbrei«, Seite 73.

NOTIZEN

Dattelmüsli

Als Zwischenmahlzeit ab 10. Monat

Zutaten

Nicht vergessen! Die Sechskornmischung schon ca. 6 Stunden vorher zubereiten.

1 TL Sechskornmischung
$^1/_2$ Banane
$^1/_2$ Birne
2 getrocknete Datteln
2 EL Milch

Zubereitung

Die Sechskornmischung fein mahlen und in einem kleinen Topf mit heißem Wasser so bedecken, daß ein dicker Brei entsteht; 10 Minuten quellen lassen.
Diesen Brei ca. 10 Minuten kochen (evtl. Wasser nachgießen) und anschließend 2–8 Stunden (über Nacht) nachquellen lassen.
Das Getreide mit der geschälten Banane, der gesäuberten Birne und der Milch in das Mixgefäß geben.
Die Datteln entkernen, vierteln und zu den anderen Zutaten geben.
Alles zusammen mit dem Stabmixer fein pürieren.

TIP

Es ist nun nicht mehr nötig, das Getreide so »aufwendig« vorzubereiten. Der Verdauungstrakt eines 12 Monate alten Kindes funktioniert inzwischen gut. **Die im nebenstehenden Rezept beschriebene Zubereitungsart gilt ab jetzt für jedes Getreide.** Auch hier können Sie selbstverständlich die Getreidemenge für einen ganzen Tag am Vorabend zubereiten.

INFO

Erdbeeren
enthalten Vitamin C, Folsäure und geringe Mengen an Vitamin B1, B2, B6 sowie Beta-Carotin.
Die reifen, duftenden Beeren sind eines der besten und bekömmlichsten **Blutreinigungsmittel** im Frühjahr. Sie reinigen in vorzüglicher Weise die Nieren, Nierenbecken und Harnleiter. Wegen ihres Gehaltes an Silizium und Eisen sind Erdbeeren auch für **Lungenkranke** sehr wertvoll.
Der Genuß von Erdbeeren wirkt sich wohltätig auf **Herz und Gefäße** aus. Sie wirken auch **gegen** verschiedene krankheitsverursachende Viren.

Amaranth siehe Rezept »Obstbrei mit Amaranth«, Seite 67.

Buchweizen siehe Rezept »Gemüseeintopf mit Buchweizen«, Seite 63.

NOTIZEN

Erdbeer-Bananen-Mix

Ab 12. Monat

Zutaten

Nicht vergessen! Das Getreide schon ca. 6 Stunden vorher zubereiten.

1 EL Amaranth

1 EL Buchweizen

100 g Erdbeeren

$^1/_2$ Banane

3-4 EL Milch

1 TL Mandelmus

Zubereitung

Das Getreide etwas gröber mahlen. Den Schrot mit kochendem Wasser so vermischen, daß ein dicker Brei entsteht, und diesen 2–8 Stunden über Nacht quellen lassen.
Das vorbereitete Getreide mit der zimmerwarmen Milch gut vermischen.
Die Erdbeeren waschen und säubern. Die Banane und die Erdbeeren kleinschneiden oder mit einer Gabel zerdrücken.
Zum Schluß das Getreide, das Obst und das Mandelmus miteinander vermischen.

TIP

Brombeeren oder auch Kirschen können, abhängig von der Sorte, manchmal etwas säuerlich schmecken. Ein Teelöffel Honig macht den Quark etwas milder im Geschmack.

INFO

Quark

wurde früher aus Rohmilch hergestellt. Heute wird der Quark nur noch aus erhitzter Milch hergestellt. Dazu wird die Milch mindestens 10 Minuten lang auf 95° C erhitzt, weitere Verfahren schließen sich an. Daraus ergibt sich nun ein denaturiertes Produkt, ein Eiweißkonzentrat.

Tierisches Eiweiß in so konzentrierter Form ist eine große Belastung für die Leber. Deshalb sollten Sie herkömmlichen Quark **sparsam verwenden.**

NOTIZEN

Obstquark

Ab 12. Monat

Zutaten

3 EL Quark (20 %)

1 EL Sahne

1 EL Getreideflocken (z.B. Hirse)

2 Messerspitzen Zimt oder Vanille

2-3 EL Obst der Saison (z.B. Birnen, Kirschen, Brombeeren, Himbeeren)

Zubereitung

Den Quark mit der Sahne, den Getreideflocken, Zimt oder Vanille mischen.
Das Obst waschen bzw. säubern und in kleine Stücke schneiden oder zerdrücken.
Dann alles zusammen mit dem Quark verrühren.

93

TIP

Zubereitung von Beeren:
Die Johannisbeeren waschen und mit Hilfe einer Gabel vom Stiel entfernen.
Die Erdbeeren waschen und den Stiel abdrehen. Brombeeren und Himbeeren
nicht waschen, aber genau nach Ungeziefer absuchen.

Biobin kann auch durch Sago ersetzt werden. Siehe »Wissenswertes von A – Z:
Sago«, Seite 24.

INFO

Himbeeren
sind nährsalzreiche, wohlschmeckende, aromatische Früchte. Sie wirken recht
günstig auf die **weiblichen Keimdrüsen** und damit verbundene Störungen.
Der reine Himbeersaft ist ein herrliches Erfrischungs- und Stärkungsgetränk bei
allen **fieberhaften Erkrankungen,** besonders bei **Scharlach** und **Masern.**

Johannisbeeren
sind ausgesprochene Blutreiniger, sofern sie in reifem Zustand genossen werden. Zusammen mit Rahm und Haferflocken bilden sie ein Verjüngungsmittel
und wirken günstig bei hohem Blutdruck und Schwindelgefühl. Die roten Beeren haben eine günstige Einwirkung bei Halsentzündungen, bei Erbrechen, zu
starker Periode und nervösem Kopfschmerz. Die schwarzen Beeren dagegen
sind reicher an Vitamin C und wirken harntreibend und stark blutreinigend.

Erdbeeren siehe Rezept »Erdbeer-Bananen-Mix«, Seite 91.

Biobin siehe »Wissenswertes von A – Z«, Seite 12 und unter »Johannisbrotkernmehl«, Seite 18.

Beerenkaltschale
mit Sahnecreme

Als Zwischenmahlzeit ab 12. Monat

Zutaten

für 2 Portionen

50 g Johannisbeeren
50 g Erdbeeren
50 g Brombeeren
50 g Himbeeren
2-3 EL Wasser
1 EL Honig
$^1/_2$ TL Biobin (Johannisbrot-
mehl)
1 Messerspitze Vanille-
pulver
100 ml Sahne
$^1/_2$ TL Honig
3 EL Naturjoghurt

Zubereitung

Die gesäuberten Beeren (siehe »Tip«) mit
dem Wasser, dem Honig, dem Biobin und
dem Vanillepulver vermengen. Alles mit dem
Stabmixer pürieren. Die Beerenspeise in eine
Schüssel geben und beiseite stellen.
Die Sahne mit dem Honig steifschlagen und
Joghurt unterheben.
Die Joghurt-Sahne-Creme und die Beerenkalt-
schale zusammen servieren.

TIP

Es gibt folgende Sanddornsorten im Handel: honiggesüßtes Sanddornmus, mit Fruchtzucker, mit Rohrzucker und die ungesüßte Wildfrucht.
Honiggesüßtes Sanddornmus schmeckt nicht herb, sondern sehr angenehm.

INFO

Sanddorn
enthält große Mengen an wertvollem **Vitamin C** sowie Vitamin E.
Vitamin C kann die Umwandlung von Nitrat in die krebserregenden Nitrosamine verhindern. Bei Leitungswasser und Mineralwasser auf den Nitratgehalt achten.Siehe »Wissenswertes von A – Z: Mineralwasser«, Seite 22.

Buchweizen siehe Rezept »Gemüseeintopf mit Buchweizen«, Seite 63.

Hirse siehe Rezept »Karottenpüree mit Hirse«, Seite 47.

Joghurt siehe »Wissenswertes von A – Z«, Seite 17.

NOTIZEN

Sanddorn-Getreide-Joghurt

Als Zwischenmahlzeit ab 12. Monat

Zutaten

1 TL Buchweizen

1 TL Hirse

20–40 ml Wasser

3-4 EL Joghurt

2 EL honiggesüßtes Sanddorn-mus

1 TL weißes Mandelmus

Zubereitung

Das Getreide fein mahlen und mit dem aufge-kochten Wasser (Getreide muß ab dem 12. Lebensmonat nicht mehr gekocht werden) so vermischen, daß ein dicker Brei entsteht. Diesen ca. 1 Stunde quellen lassen. Zum Schluß die restlichen Zutaten unter-rühren.

Aus dieser Zwischenmahlzeit können Sie auch ganz einfach eine Hauptmahlzeit, z.B. einen Abendbrei machen, indem Sie zusätzlich noch 1 EL Getreide und eine zerdrückte, reife Ba-nane dazugeben.

5. KAPITEL

Mahlzeiten für die Größeren

Zu welchem Zeitpunkt Ihr Kind beginnt, sich nicht mehr nur für Breimahlzeiten zu interessieren, ist sehr unterschiedlich. Auch hier spielt
z.B. eine Rolle, wieviel Zähne das Kind bereits hat.
Wenn größere Geschwister mit am Tisch sitzen, die ja in vielen Dingen Vorbild sind und nachgeahmt werden, ist die Neugierde auf das Essen der Großen schneller geweckt.

Der eigene Wille, selbst mit Löffel oder Messer und Gabel zu essen, ist inzwischen so groß, daß die Eltern eine große Portion Geduld aufbringen und den kleinen Esser immer wieder unterstützen müssen.
Das doppelte Kochen entfällt nun. Die vorgeschlagenen Mengenangaben in den Rezepten lassen sich beliebig variieren, je nach Appetit und Anzahl der Personen.
Wenn Sie den Eindruck haben, daß Ihr Kind in der Übergangszeit von »Breimahlzeiten« zu den »Mahlzeiten für die Größeren« zu sehr durch alles Neue abgelenkt ist und dadurch zu wenig ißt, können wir Ihnen folgenden Rat geben: Bieten Sie Ihrem Kind zusätzlich eine kleine Breimahlzeit an. Sie erleichtern sich hier die Arbeit, indem Sie auf kleine vorbereitete Portionen aus der Gefriertruhe zurückgreifen. Eine andere, noch einfachere Möglichkeit ist, einen kleinen Teil einer »Mahlzeit für die Größeren« mit dem Mixer zu zerkleinern.

Denken Sie daran, die Mahlzeiten erst kräftiger zu würzen, wenn das Kind seine Portion auf dem Teller hat.
Kinder haben ein sehr natürliches Gespür für ihren Appetit. Zwingen Sie das Kind nicht, den Teller leer zu essen – achten Sie seine Bedürfnisse.

TIP

Eine Alternative zu Kohlrabigemüse ist **milchsauer vergorenes Gemüse.** Man erhält es nur in Reformhäusern oder Bioläden.

Milchsauer vergorenes Gemüse ist durch seinen Anteil an Vitamin B12 sehr wertvoll. Es wird nur in Wasser mit Salz und seinem eigenen Saft eingelegt, bis die Gärung durch Milchsäurebakterien erfolgt.

Verwenden Sie keine Essigkonserven, da sich der Essig ungünstig auf die Blutbildung auswirken kann.

Die Kartoffelpuffer können Sie Ihrem Kind auch in süßer Variante anbieten, indem Sie statt Gemüse selbstgemachtes Apfelmus mit Zimt und Sahne servieren.

INFO

Crème fraîche
auch Double cream genannt, enthält mindestens 30 % Fett und wird aus Sauerrahm gewonnen. Wer Kalorien sparen möchte, verwendet besser Sauerrahm mit 10 % Fettgehalt. Dann geht aber natürlich auch der besonders sahnige, cremige Geschmack verloren.

Kohlrabi siehe Rezept »Karotten-Kohlrabi-Gemüse mit Dinkel«, Seite 55.

Kartoffel siehe Rezept »Avocado mit Kräuterquark und Pellkartoffeln«, Seite 107.

NOTIZEN

Kohlrabigemüse

mit Kartoffelpuffer

Für die größeren Kinder

Zutaten

für 2 Portionen

für das Gemüse:

2 Kohlrabi
1 kleine Zwiebel
100 ml Wasser
$^1/_2$ TL Gemüsebrühe
1-2 EL Vollkornmehl
2 EL Crème fraîche
1-2 EL Kräuter

für die Kartoffelpuffer:

3 mittelgroße Kartoffeln
1-2 EL Vollkornmehl
Kräutersalz

Zubereitung

Gemüse:
Die Kohlrabi schälen und in kleine Stücke schneiden.
Die Zwiebel schälen und fein hacken. Beides in etwas Butterschmalz andünsten.
Die Gemüsebrühe dazugeben und das Gemüse bißfest garen.
Zum Schluß die Gemüsebrühe mit Vollkornmehl andicken. Das Gemüse vom Herd nehmen.
Die Crème fraîche und die kleingehackten Kräuter untermischen und alles noch etwas ziehen lassen.

Puffer:
Die Kartoffeln schälen und fein reiben.
Die geriebenen Kartoffeln ausdrücken und das sich angesammelte Wasser abgießen.
Die Kartoffeln mit dem Mehl und dem Salz vermengen.
In der Pfanne Butterschmalz oder Olivenöl erhitzen und immer 2 EL der Kartoffelmasse in die Pfanne geben und flach drücken.
Die Kartoffelpuffer auf beiden Seiten goldbraun braten.

TIP

Hier paßt sehr gut eine **Parmesan-Käsesoße** dazu:

150 ml Sahne
$1/2$ TL Gemüsebrühe
evtl. 1 TL Vollkornmehl
40 g Parmesankäse

Die Sahne bei mittlerer Hitze cremig rühren. Die Gemüsebrühe und den geriebenen Käse dazugeben. Die Soße eventuell mit Vollkornmehl etwas binden.

INFO

Sonnenblumenkern
20 % Kohlenhydrate, 27 % Protein, 36 % Öl.
An Mineralien und Spurenelementen enthalten Sonnenblumenkerne Eisen, Kupfer, Mangan, Phosphor, Kalium, Kalzium, Magnesium, Zink, Kobalt, Jod, Fluor, Chlor sowie die Vitamine B1, B2, B3, A, K, E + F.
Keine Pflanze enthält soviel **Eisen** wie die Sonnenblume.

Sonnenblumenkerne sind wahre **Kraftwerke an Nahrungsenergie** und im Gegensatz zu anderen Nüssen haben sie einen **geringeren Brennwert,** machen also nicht dick.
Verwenden Sie nur Sonnenblumenkerne aus Biozucht, da die Kerne viel Kadmium aufnehmen können.

Karotten siehe Rezept »Karottenpüree«, Seite 45.

Reis siehe Rezept »Reisschleim«, Seite 39.

Karottensoufflé

mit Vollkornreis

Für die größeren Kinder

Zutaten

100 g Vollkornreis

400 g Karotten

1 EL Butter

150 ml Sahne

1 TL Gemüsebrühe

3 EL Sonnenblumenkerne

3 Eier

2-3 EL kleingehackte Petersilie

Kräutersalz

Zubereitung

Den Reis waschen, 1 Stunde einweichen und garen.

Die Karotten schälen und grob reiben. Die Butter in einem Topf erwärmen und die Karotten darin kurz andünsten. Die Sahne und die Gemüsebrühe dazugeben und den Topf vom Herd nehmen.

Die Sonnenblumenkerne in einer Pfanne ohne Fett unter ständigem Rühren leicht anrösten bis sie goldbraun sind und duften.

Die Eier trennen. Das Eigelb und die gerösteten Sonnenblumenkerne unter die Karotten mischen und das steifgeschlagene Eiweiß mit der Petersilie unterheben.

Das Karottensoufflé in eine Auflaufform geben und bei 180° C 20 Minuten backen.

Den gegarten Vollkornreis mit dem Karottensoufflé servieren.

TIP

Die Suppe schmeckt so fein, daß sich der Aufwand lohnt. Die Zubereitung ist nicht schwer und gelingt eigentlich immer.
Wenn es einmal schnell gehen soll, können Sie das Suppengrün durch gefrorene, bereits geschnittenes Gemüse ersetzen.
Die Klößchen können natürlich auch mit anderen Getreidearten wie z.B. Dinkel, Grünkern, Weizen oder einer Getreidemischung hergestellt werden. Allerdings werden sie dann etwas fester im Biß.

INFO

Sellerie

Knollensellerie stammt zum größten Teil aus Freilandanbau und gehört zum klassischen »Suppengrün-Bündel«.
Der Bleich- oder Staudensellerie wird vorwiegend roh verwendet.
Im Vergleich zum Knollensellerie hat der Bleichsellerie einen 200fach höheren Beta-Carotin-Gehalt und einen höheren Natrium- und Kaliumgehalt. Außerdem enthält er noch Kalzium, Magnesium, Phosphor, Eisen, Vitamin E, B1, B2, B6, Folsäure und Vitamin C.
Der Knollensellerie enthält im Vergleich zum Bleichsellerie einen größeren Gehalt an Phosphor und Folsäure. Ansonsten stimmen die Inhaltsstoffe fast überein.
Erwähnenswert ist, daß die Blätter des Sellerie einen weitaus höheren Gehalt an wertvollen Inhaltsstoffen aufweisen als das Gemüse selbst.
Die Bitterstoffe, das ätherische Öl und die inulinähnlichen Hormone im Sellerie haben eine überaus **anregende Wirkung auf die Verdauung,** das **Nervensystem,** das **Gehirn,** den ganzen **Stoffwechsel** und wirken stark **harntreibend.**
Wegen der harntreibenden Wirkung sollten Nierenkranke nicht zu viel Sellerie essen.
Der häufige Genuß von rohem Sellerie (z.B. als Salat) wirkt sich verjüngend auf den Organismus aus.

Petersilie siehe »Wissenswertes von A – Z: Kräuter«, Seite 19/20.

Hafer siehe Rezept »Das erste Fläschchen«, Seite 35.

Petersilien-Hafer-klößchen

in Gemüsesuppe

Für die größeren Kinder

Zutaten

für 2 Portionen

1 Bund Suppengrün (Sellerie, Karotten, Petersilie, Lauch)

1 l Gemüsebrühe oder Wasser

80 g Hafer

60 g Butter

2 Eier

Kräutersalz

geriebene Muskatnuß

1 Bund Petersilie

evtl. Hefeflocken

Zubereitung

Das Suppengrün waschen und kleinschneiden. In 1 Liter Wasser oder Gemüsebrühe ca. 15 Minuten leicht köcheln lassen.

Das Getreide etwas gröber schroten. In die erwärmte, aber nicht heiße Butter die Eier, das Kräutersalz, etwas geriebene Muskatnuß, die kleingehackte Petersilie und das Getreide bei niedriger Temperatur einrühren. Unter ständigem Rühren entwickelt sich die Masse zu einem karamelfarbenen, etwas dickeren, geschmeidigen, glänzenden Kloß. Diese Masse sofort aus dem Kochtopf auf einen Teller stürzen und kleine, mundgerechte Klößchen formen.

Diese Klößchen vorsichtig in die ziehende, nicht kochende Brühe geben, da sie sehr empfindlich sind und sonst zerfallen. Nach einigen Minuten kommen die Klößchen an die Oberfläche und sind dann gar.

Die Suppe kann mit etwas Hefeflocken eventuell noch abgeschmeckt werden.

TIP

Wenn Ihr Kind auch gerne würzigere Mahlzeiten ißt, kann man noch eine kleine feingehackte Zwiebel und eine gepreßte Knoblauchzehe unter den Quark mischen. Noch frischer schmeckt die Quarkspeise, wenn Sie ein Stück Gurke in kleine Stifte hobeln und unterrühren.

INFO

Kartoffel

Sie stammt von den Hochebenen Südamerikas und gehört zu den Nachtschattengewächsen. An Mineralien enthält sie Kalium, Magnesium und Eisen. An Vitaminen B1, B2, B3, B6 und C. Außerdem enthält sie wertvolles Eiweiß. Unter den pflanzlichen Eiweißträgern kommt sie gleich an zweiter Stelle nach der Sojabohne.

Die Kartoffel ist **leicht verdaulich, blutdrucksenkend** und **entwässernd,** regt die Ausscheidung von Schadstoffen an und entlastet den Kreislauf. Der große Faserstoffanteil fördert die Verdauung und reduziert das Hungergefühl. **Die wichtigsten Stoffe sitzen unter der Schale,** deshalb ist es am gesündesten, die Kartoffel mit der Schale zu kochen.

Der Solaningehalt der Kartoffel ist gering, wenn man die grünen Stellen und Augen entfernt. Solanin ist ein organisches Gift in Nachtschattengewächsen. Am solaninreichsten sind Schalen und Keime von unreifen oder grün gewordenen, keimenden Kartoffeln.

Kräuter siehe »Wissenswertes von A – Z«, Seite 19.

Quark siehe Rezept »Obstquark«, Seite 93.

Avocado siehe Rezept »Avocadogemüse«, Seite 57.

Avocado mit Kräuterquark

und Pellkartoffeln

Für die größeren Kinder

Zutaten

für 2 Portionen

6 mittelgroße Kartoffeln

200 g Quark (20 %)

3 EL Naturjoghurt

3 EL Sahne

$^{1}/_{2}$ Avocado

frische Kräuter (z.B. Petersilie, Schnittlauch, Dill, Zitronenmelisse, Pfefferminze, Basilikum)

1 TL Hefeflocken

Zubereitung

Die Kartoffeln mit der Schale garen. Den Quark mit dem Joghurt und der Sahne cremig rühren.

Die Avocado schälen und mit einer Gabel zerdrücken. Die Kräuter feinhacken und alles in den Quark rühren.

Zuletzt die Hefeflocken untermischen.

TIP

Die Zubereitung der Grünkernbratlinge können Sie variieren, indem Sie in die Bratlingsmasse noch eine feingeriebene Karotte und geriebenen Käse oder auch feingeriebene Mandeln mischen.
Als Alternative zum Ausbacken der Bratlinge in Öl kann man sie auch im Backofen mit dem Gemüse auf dem Blech mitbacken. Sie werden dann nur etwas trockener.

INFO

Grünkern
Um den schmackhaften Grünkern zu erhalten, wird der Dinkel geerntet, bevor die Körner voll ausgereift sind. Damit der Grünkern haltbar wird und weiterverarbeitet, d.h. gemahlen werden kann, wird er gedörrt. Früher wurde das Getreide dazu auf durchlöcherten eisernen Pfannen überm Holzfeuer getrocknet. Heute darrt man das Getreide auf vollmechanisierten Muldendarranlagen. Durch das Darren werden die rötlichen Körner hart und olivgrün.
So entsteht **aus Dinkel** der rauchig duftende Grünkern.

Rote Bete siehe Rezept »Brokkoligratin mit Hafer und Roter Bete«, Seite 117.

Kartoffeln siehe Rezept »Avocado mit Kräuterquark und Pellkartoffeln«, Seite 107.

Karotten siehe Rezept »Karottenpüree«, Seite 49.

NOTIZEN

Gemüse vom Blech

mit Grünkernbratlingen und Käsesoße

Für die größeren Kinder

Zutaten

für 2 Portionen

für die Grünkernbratlinge:

100 g Grünkern

200 ml Wasser

^{1}/2 TL Gemüsebrühe

1 kleine Zwiebel

1 Ei

2 TL Sesam

Kräutermeersalz

2 EL gehackte Kräuter

für das Gemüse:

1 Knolle Rote Bete

3 Kartoffel

3 Karotten

2 Zwiebeln

2 EL Öl

Kräutermeersalz

Majoran

für die Käsesoße:

100 ml Sahne

2 Messerspitzen Gemüsebrühe

40 g Parmesankäse

evtl. 1 TL Vollkornmehl

Zubereitung

Grünkernbratlinge:

Den Grünkern grob schroten, in der Gemüse-
brühe kurz aufkochen und 15 Minuten quellen
lassen.
In die abgekühlte Masse die kleingehackte
Zwiebel und die restlichen Zutaten mischen.
Die Grünkernbratlinge formen und in Öl oder
Butterschmalz goldbraun braten.

Blechgemüse:

Das Gemüse säubern und schälen. Die Rote
Bete und die Kartoffeln vierteln. Die Zwiebeln
und die Karotten halbieren.
Das Gemüse außer den Karotten auf einem
Backblech ausbreiten, mit Öl bepinseln und
leicht würzen. Auf die Kartoffeln Majoran
streuen.
Das Gemüse im Backofen bei 200° C 30 Minuten garen. Die Karotten erst nach 15 Minuten in den Ofen geben.

Käsesoße:

Die Sahne bei mittlerer Hitze cremig rühren.
Die Gemüsebrühe und den geriebenen Käse
dazugeben.
Die Soße eventuell mit etwas Mehl binden.

TIP

Als Beilage eignet sich ein grüner Salat mit frischen Kräutern.

Die Soße ist noch bekömmlicher, wenn die kreuzweise eingeschnittenen Tomaten mit kochendem Wasser übergossen und gehäutet, im Mixer püriert werden und die Soße dann nur aufgewärmt, aber nicht gekocht wird. Gemüse, das dazu verwendet werden soll, kann man in einer Pfanne mit Olivenöl oder Butterschmalz vorher etwas andünsten und dann in die Soße geben. Durch eine kleine zerdrückte Knoblauchzehe bekommt die Tomatensoße noch eine besondere Note.

INFO

Aubergine
ist eine eierförmige, violette Frucht. Sie stammt ursprünglich aus Ostindien und gehört zur Familie der Nachtschattengewächse.
Auberginen wirken anregend auf die **Verdauungsorgane, entkrampfend und entspannend.** Sie haben einen hohen Kaliumgehalt, enthalten Bitterstoffe und ätherische Öle sowie Folsäure und Mangan. Mangan hilft bei der Aktivierung von Enzymen, die notwendig sind, damit der Körper Biotin, Vitamin B und C richtig auswerten kann. Mangan ist für den Aufbau einer gesunden Knochenstruktur notwendig.
Die kalorienarme Frucht **beschleunigt den Stoffwechsel.**
Auberginen werden empfohlen für **Zucker- und Rheumakranke,** ebenso für **Leber- und Nierenleidende.**

Tomaten siehe Rezept »Tomatengemüse mit Reis«, Seite 59.

NOTIZEN

Spaghetti

mit Auberginen-Zucchini-Gemüse und Tomatensoße

Für die größeren Kinder

Zutaten

für 2 Portionen

200 g Vollkornspaghetti
1 Zwiebel
5 mittelgroße Tomaten
1 kleine Zucchini
1 kleine Aubergine
$^1/_2$ TL Gemüsebrühe
$^1/_2$ TL Kräutermeersalz
2 EL frisches Basilikum
3 EL Sahne
50 g geriebener Hartkäse
(z.B. Parmesankäse)

Zubereitung

Das Wasser für die Spaghetti mit ein paar Tropfen Öl zum Kochen bringen.

Die Zwiebel schälen, fein würfeln und in etwas Olivenöl andünsten.

Die Tomaten in kleine Stücke schneiden und zu den Zwiebeln geben. Nach ca. 3 Minuten alles mit dem Stabmixer pürieren.

Das Gemüse waschen, in kleine Würfel schneiden und mit der pürierten Soße vermengen. Die Soße sollte heiß sein, aber nicht kochen. Mit der Gemüsebrühe und dem Kräutersalz alles abschmecken.

Die Spaghetti in das kochende Wasser geben und bißfest garen.

Das Basilikum fein hacken und mit der Sahne zum Schluß in die Tomatensoße geben.

Die Spaghetti, die Tomatensoße und den geriebenen Käse zusammen servieren.

TIP

Eine Zehe frisch gepreßter Knoblauch gibt dem Bohnengemüse einen kräftigen Geschmack.
Wenn Sie das Bohnengemüse mit den Grünkernnockerln in eine Auflaufform geben und mit feingeriebenem Käse bestreut im Backofen überbacken, bis der Käse goldbraun ist, haben Sie einen Auflauf, der den Eltern genausogut schmeckt wie den Kindern.

INFO

Grüne Bohnen

gehören zu den Fruchtgemüsen und sind ein sehr gesundes Sommergemüse.
Sie enthalten viel Chlorophyll und die Mineralstoffe Kalzium, Kalium, Magnesium, Eisen und Phosphor sowie die Vitamine C, B3 (Niacin), B5 (Panthotensäure) und Folsäure.
Außerdem enthalten die Bohnenschalen Stoffe, die ähnlich wie Insulin wirken. Wegen ihrer geringen Kalorienzahl und wegen des niedrigen Natriumanteils sind Bohnen sehr geeignet für Diäten und **fördern** durch ihren hohen Zelluloseanteil **die Verdauung.** Bohnen können bei Diabetes, Nierensteinen, Blasen- und Darmleiden, Rheuma und Gicht regelmäßig gegessen werden.
Bohnen darf man auf keinen Fall roh verzehren! Sie enthalten Toxine (Phasin), die erst durch das Kochen unschädlich gemacht werden.

Grünkern siehe Rezept »Gemüse vom Blech mit Grünkernbratlingen«, Seite 109.

NOTIZEN

Grünkernnockerln
mit Bohnengemüse
Für die größeren Kinder

Zutaten

für 2 Portionen

für Grünkernnockerln:

30 g Butter
1 Ei
1-2 EL Sahne
2 Messerspitzen. Kräutermeersalz
60 g Grünkern
$^1/_2$ l Wasser
1 TL Gemüsebrühe

für das Bohnengemüse:

1 Zwiebel
300 g grüne Bohnen
 frisches Bohnenkraut
400 ml Wasser
$^1/_2$ TL Gemüsebrühe
1 TL Vollkornmehl oder etwas Biobin
2 Tomaten
2 EL frische Petersilie
Majoran

Zubereitung

Grünkernnockerln:
Die Butter mit dem Ei schaumig rühren. Die Sahne, das Salz und das Muskat untermischen.
Den Grünkern mahlen und dazugeben. Den Teig 15 Minuten quellen lassen. In dieser Zeit das Bohnengemüse zubereiten.
Das Wasser mit der Gemüsebrühe erhitzen. Mit zwei Teelöffel ovale Nockerln formen und in der heißen, nicht kochenden Gemüsebrühe 15 Minuten ziehen lassen.

Bohnengemüse:
Die Zwiebel schälen, klein hacken und in etwas Olivenöl andünsten.
Die Bohnen waschen, putzen, in mundgerechte Stücke brechen und mit dem Bohnenkraut in den Topf geben. Mit Wasser ablöschen und die Gemüsebrühe dazugeben. Ca. 15 Minuten kochen.
Man kann das Bohnengemüse mit Vollkornmehl oder Biobin andicken.
Die Tomaten waschen, in kleine Würfel schneiden, die Kräuter fein hacken und alles zu dem Bohnengemüse geben.
Das Bohnenkraut aus dem Topf nehmen.
Alles zusammen mit den Grünkernnockerln 5 Minuten ziehen lassen.

113

TIP

Für eine Mittagsmahlzeit eignet sich als Ergänzung zu den Apfelringen als Vorspeise ein **grüner Salat.**

INFO

Grüner Salat
wird mittlerweile weltweit kultiviert und stammt ursprünglich aus dem Mittelmeerraum.
Die bekanntesten Sorten, die zum Kopfsalat gehören, sind:
Eisbergsalat, Novita, Romana, Eichblattsalat, Lolo rosso, Lolo bianco, Batavia und Burgunder.
Weitere Sorten sind: Radicchio, Endivien, Feld- oder Ackersalat, Frisée und Eskorial.
Grüne Blattsalate sollten wegen ihrer positiven ernährungsphysiologischen Wirkung **vor der Hauptmahlzeit** gegessen werden.
Achten Sie darauf, daß Sie keine überdüngten (mit Chemie- und Nitratrückständen) Salate verwenden. Freilandsalate sind gesünder und wegen der Sonnenbestrahlung auch nitratärmer.
Alle grünen Salate sind **basenüberschüssig** und enthalten trotz des
95 %igen Wassergehaltes noch viel Vitamin B1, B2, Folsäure, Vitamin C, Beta-Carotin, viel Kalzium, Selen und das blutbildende Chlorophyll.
Grüner Salat enthält auch Bitterstoffe, die Galle und Leber positiv unterstützen und das **Immunsystem stärken.**

Äpfel siehe Rezept »Apfel-Bananen-Hirsebrei«, Seite 71.

Eier siehe »Wissenswertes von A – Z«, Seite 14.

Apfelringe
in Vollkorn-Dinkelteig

Für die größeren Kinder

Zutaten

für 2 Portionen

2 Eier
100 ml Milch
2-3 EL Mineralwasser
1 TL Honig
70 g Dinkel
2 mittelgroße Äpfel
Ursüße
Zimt

Zubereitung

Die Eigelbe mit der Milch, dem Mineralwasser und dem Honig verquirlen.

Den Dinkel fein mahlen und unter die Masse rühren. Das Eiweiß zu Eischnee schlagen und vorsichtig unter den Teig heben.

Den Vollkornteig während der Zubereitung der Äpfel quellen lassen.

Die Äpfel schälen, in 1 cm dicke Scheiben schneiden und das Kernhaus aus jeder Scheibe ausstechen.

Die Apfelringe in den Teig eintauchen und in einer mit Öl gefetteten Pfanne auf beiden Seiten goldbraun ausbacken.

Diese Süßspeise wird mit etwas Ursüße und Zimt bestreut und heiß serviert.

TIP

Beim Waschen der Roten Bete darauf achten, daß die Haut der Rübe nicht verletzt wird. Erst nach dem Kochen die Haut und den Strunk entfernen, da die Rote Bete sonst ausblutet.

Wenn Ihr Kind schon gerne etwas deftiger ißt, können Sie mit dem Hafer und den Mandeln auch eine halbe Knoblauchzehe mitrösten.
Das Gemüse kann eventuell noch vorsichtig mit etwas Kräutersalz gewürzt werden, da Käse schon reichlich Salz enthält. Siehe »Wissenswertes von A–Z: Salz«, Seite 24.

INFO

Rote Bete
ist eine harntreibende und blutreinigende sowie kochsalz- und harnsäureausscheidende Knolle. Sie enthält wichtige Eiweißbausteine wie Asparagin, Glutamin und Betain.
Rote Bete ist basenüberschüssig aufgrund ihres Reichtums an Mineralstoffen (Kalium, Kalzium, Magnesium und Natrium).
Sie enthält außerdem Cholin und Rutin (gehört zum Vitamin-C-Komplex).
Rote Bete regt Magen, Darm, Leber und Gallenblase an. **Bei Fieber und Grippe wirkt sie heilend.** Vielen Berichten zufolge ist die Rote Bete eine der gesündesten Gemüsesorten. Nachgewiesen ist, daß viele Inhaltsstoffe unter die Krebsschutzstoffe fallen.
Kleine Knollen sind wegen ihres geringeren Nitratgehaltes den großen Knollen vorzuziehen. Aus diesem Grunde ist auch ökologisch angebaute Rote Bete zu bevorzugen.

Hafer siehe Rezept »Flockenmüsli mit Obst«, Seite 69.

Mandeln siehe Rezept »Mandelmilch«, Seite 31.

Brokkoligratin

mit Hafer und Rote Bete

Für die größeren Kinder

Zutaten

für 2 Portionen

1-2 mittelgroße Rote Bete
400 g Brokkoli
50 g Hafer
60 g Mandeln
100 ml Sahne
70 g Käse

Zubereitung

Die Rote Bete waschen, putzen und je nach Größe der Knolle ca. 40 Minuten bißfest kochen.

Den Brokkoli waschen, putzen, zerteilen und ebenfalls bißfest garen (ca. 10 Minuten).

Den Hafer mittelfein schroten, die Mandeln fein mahlen und beide Zutaten in der Pfanne (ohne Öl!) anrösten.

Eine Auflaufform fetten, die Rote Bete schälen und in dünne Scheiben schneiden oder stifteln und damit die Form auslegen, den Brokkoli darauf verteilen und mit der Hafer-Mandel-Mischung bestreuen.

Die frische Sahne darübergießen, den geriebenen Käse darüberstreuen und alles im Backofen bei 200° C überbacken, bis der Käse verschmolzen ist.

TIP

Wenn Sie größere Portionen Dinkelspätzle herstellen wollen, vereinfacht eine Spätzlepresse die Arbeit. Allerdings werden Original-Spätzle immer von Hand geschabt.

INFO

Linsen

sind im wahrsten Sinne des Wortes **Nervennahrung,** denn sie enthalten pro 100 g 0,45 mg Vitamin B1, 0,26 mg Vitamin B2, 0,58 mg Vitamin B6. Die Vitamine der B-Gruppe sind wichtig für die Funktion von Gehirn und Nerven. Außerdem enthalten sie einen **sehr hohen Eisengehalt** von 7,5 mg/100 g, gefolgt von Kalium mit 837 mg, Phosphor mit 411 mg, Magnesium mit 129 mg, Kalzium mit 71 mg, sowie Beta-Carotin, Folsäure und Vitamin C.
Linsen zählen zu den ältesten Hülsenfrüchten mit einem **Eiweißgehalt** von 23,5 g/100 g (Steakfleisch enthält 19 g/100 g).
Hülsenfrüchte kombiniert mit Kartoffeln, Nudeln, Getreide, Reis oder mit Gemüse als Eintopf sind ein hochwertiges, gesundes und sättigendes Gericht. Den gefürchteten Blähungen kann man vorbeugen.
Vorsicht! Hülsenfrüchte enthalten toxische Stoffe, die durch Erhitzen zerstört werden. Deshalb Hülsenfrüchte **niemals roh** verzehren. Ausnahme sind gekeimte Hülsenfrüchte, die vor dem Verzehr 1-2 Minuten mit kochendem Wasser blanchiert werden sollten.

Maßnahmen zur Vorbeugung »unangenehmer Begleiterscheinungen« und besseren Verträglichkeit der Linsen:

– Linsen immer über Nacht einweichen.
– Linsen erst kurz vor Ende der Garzeit salzen und säuern.
– Ein Schuß Essig oder Zitronensaft macht Hülsenfrüchte bekömmlicher.
– Entblähende Gewürze und Kräuter wie Kümmel, Ingwer, Fenchel, Bohnenkraut, Liebstöckel, Thymian, Rosmarin und Koriander verbessern die Verträglichkeit.
– Kein Natron zufügen, um die Garzeit zu verkürzen. Es zerstört Vitamine und neutralisiert die Magensäure, die dringend nötig ist, um die Linsen zu verdauen.

Dinkel siehe Rezept »Frischkornmilch«, Seite 41.

Linseneintopf
mit Dinkelspätzle

Für die größeren Kinder

Zutaten

für 2 Portionen

für den Linseneintopf:

100 g Linsen
1 Zwiebel oder 1 Stück Lauch
2 Karotten
1 Kartoffel
1 TL Gemüsebrühe
Kräutermeersalz
1 Tomate

für die Dinkelspätzle:

125 g Dinkelvollkornmehl
1-2 Eier
$1/2$ TL Salz
4-5 EL Wasser

Zubereitung

Linsen:
Die Linsen über Nacht quellen lassen. Das Gemüse säubern, waschen und in kleine Würfel schneiden.
Die Linsen aufkochen und die Zwiebeln, Karotten, Kartoffeln dazugeben.
Den Eintopf 15 Minuten leicht kochen lassen und dann vom Herd nehmen. Die sehr fein geschnittene Tomate untermischen und alles noch 5 Minuten ziehen lassen.

Dinkelspätzle:
Salzwasser für die Spätzle im Topf erhitzen. Die Zutaten für die Dinkelspätzle mit der Küchenmaschine verrühren bis der Teig Blasen wirft und eine zähfließende Konsistenz hat. Etwas Teig auf ein angefeuchtetes Holzbrett streichen. Das Brett mit dem Teig kurz in das kochende Salzwasser tauchen. Mit einem Messer dünne Spätzle in das Salzwasser schaben und ca. 2 Minuten leicht kochen lassen bis sie an die Oberfläche kommen. Dann die Spätzle mit einer Schaumkelle aus dem Topf nehmen und kurz mit kühlem Wasser abschrecken. Den restlichen Teig ebenso verarbeiten.
Wenn das Wasser etwas zu dickflüssig wird, etwas heißes Wasser nachgießen und warten bis es wieder kocht.

TIP

Das Gemüse können Sie beliebig austauschen. Zwiebel und Tomaten eignen sich auch sehr gut für den Gemüsekuchen.
Wenn Sie die Zubereitungszeit verkürzen wollen, können Sie die Eiersahne auch ohne Eischnee herstellen und die ganzen Eier verquirlt verwenden.
Der Gemüsekuchen schmeckt auch kalt sehr lecker!

INFO

Pilze

Asiatische Pilze enthalten Stoffe, die das Immunsystem stimulieren, die Blutgerinselbildung hemmen und die Krebsentwicklung verzögern können. Zu ihnen zählen der Shiitake (Eichenpilz), Austernpilze, Enoki und der Mu-Err (Chinamorchel). Einheimische Waldpilze kann man wegen ihrer großen Speicherkraft von Schadstoffen nicht empfehlen. Kaufen Sie lieber Pilze, die im Zuchtverfahren hergestellt werden, wie z.B. Champignons, Austernpilze und deutsche Shiitake.

Zucchini siehe Rezept »Karottenpüree mit Zucchini und Reis«, Seite 49.

NOTIZEN

Gemüsekuchen

Für die größeren Kinder

Zutaten

Teig:

180 g Vollkornmehl
(z.B. Dinkel)

90 g Butter (zimmerwarm)

2-3 EL Wasser

1 Prise Salz

Belag:

3 Eier

400 g saure Sahne oder
Crème fraîche

3 EL Schnittlauch

1 große Karotte

100 g Champignons

1 kleine Zucchini

$^1/_2$ TL Kräutermeersalz

Zubereitung

Das Korn sehr fein mahlen und mit allen Zutaten einen Teig herstellen. Den Teig im Kühlschrank ruhen lassen.

Für den Belag die Eier trennen und das Eiweiß zu steifem Schnee schlagen. Das Eigelb mit der sauren Sahne, dem kleingeschnittenen Schnittlauch und dem Salz verrühren. Den Eischnee vorsichtig unter die Masse heben.
Die gewaschene Karotte fein raspeln. Die Pilze säubern. Die gewaschene Zucchini und die Pilze in schmale Scheiben schneiden.
Den Teig ausrollen und eine gefettete Springform damit auslegen.
Das Gemüse auf dem Teig verteilen und die Eiersahne darübergießen.
Den Gemüsekuchen im vorgeheizten Backofen bei 180 – 200° C ca. 30 Minuten backen.

121

TIP

Wenn Ihr Kind die Sonnenblumenkerne noch nicht so gut kauen kann, können Sie diese auch im Mixgerät – nach dem Anrösten – kleinhacken.

INFO

Brokkoli
gehört zur Familie der Kreuzblütler und gilt als besonders wirksam gegen Dickdarmkrebs. Wie auch alle anderen dunkelgrünen Gemüsesorten und Kräuter hat er reichlich Chlorophyll gespeichert, das wichtig für die Blutbildung ist. Brokkoli enthält Kalium, Kalzium, Provitamin A (Beta-Carotin), B-Vitamine, Folsäure und viel Vitamin C. Die Stiele sind besonders reich an Chlorophyll und Selen und sollten deshalb mitgegessen werden.
Dieses geschmackvolle Gemüse **ist sehr bekömmlich** und eines der beliebtesten Gemüsearten für Kinder.

Dinkel siehe Rezept »Frischkornmilch«, Seite 41.

Sonnenblumenkerne siehe Rezept »Karottensoufflé mit Vollkornreis«, Seite 103.

NOTIZEN

_____

_____

_____

_____

_____

_____

_____

Brokkoli-Sahne-gemüse

mit Dinkelvollkornnudeln

Für die größeren Kinder

Zutaten

für 2 Portionen

200 g Dinkelvollkornnudeln ohne Ei

300 g Brokkoli

2 EL Sonnenblumenkerne

1 TL Hefeflocken

1/2 TL Kräutermeersalz

4 EL Sahne

Zubereitung

Die Vollkornnudeln in reichlich kochendem Wasser garen.

In der Zwischenzeit den Brokkoli waschen und in kleine Röschen teilen. Die Stiele mitverwenden und in wenig Wasser bißfest garen.

In einem kleinen Topf die Sonnenblumenkerne ohne Fett rösten, bis sie goldbraun sind und duften und zur Seite stellen.

Den Brokkoli mit etwas Gemüsewasser pürieren, die Hefeflocken, das Salz und die Sahne daruntermischen.

Die Nudeln auf einem Teller anrichten, die Soße darübergießen und mit den gerösteten Sonnenblumenkernen bestreuen.

123

TIP

Mit Sojabohnen kann man Eier vollwertig ersetzen.
Sojabohnen, die sehr hart sind, kann man aber nicht mit allen Getreidemühlen mahlen. Fertig gemahlenes Sojamehl (vollfettes Mehl) rühren Sie nur mit etwas Sahne an, so daß eine cremige Konsistenz entsteht.

Zu diesem Rezept können Sie eine Rote-Bete Rohkost oder einen grünen Salat anbieten.

INFO

Quinoa
60-70 % Kohlenhydrate, 10-14 % Proteine, 5-7 % Fett;
Quinoa enthält alle essentiellen Aminosäuren mit einem hohen Gehalt an essentiellen Fettsäuren (vor allem Linolsäure), sowie die Mineralstoffe Kalzium, Magnesium, Eisen (9,7 mg/-100g), Zink und die Vitamine des B-Komplexes und Vitamin E. Quinoa ist **glutenfrei.**

Quinoa ist ein Nahrungsmittel, das einen wichtigen Beitrag zur Deckung des täglichen Mineralstoffbedarfs leistet und aufgrund seines **hohen Proteingehaltes** durchaus mit tierischen Produkten (wie z.B. Milch oder Fleisch) konkurrieren kann.

Botanisch gesehen gehört Quinoa zur Familie der »Chenopochiaceae«, der Gänsefußgewächse. Spinat und Rote Bete gehören ebenfalls in diese Familie.

NOTIZEN

_____

_____

_____

_____

Lauchauflauf
mit Ouinoagetreide

Für die größeren Kinder

Zutaten

für 2 Portionen

200 ml Wasser
$^1/_2$ TL Gemüsebrühe
80 g Quinoa
15 g Sonnenblumenkerne
2 Lauchstangen
2 Eier (oder 2 EL Sojamehl)
$^1/_2$ Becher Sauerrahm oder
Crème fraîche
1 TL Hefeflocken
$^1/_2$ TL Kräutermeersalz
20 g geriebener Käse
Fett für die Form

Zubereitung

Das Wasser mit der Gemüsebrühe zum Kochen bringen. Das Quinoa waschen, in die kochende Gemüsebrühe geben und bei geringer Hitze ca. 15 Minuten garen.
Die Sonnenblumenkerne ohne Fett leicht anrösten bis sie goldbraun sind und duften.
Den Lauch waschen, in ca. 1 cm dicke Ringe schneiden und in wenig kochendem Wasser ca. 5 Minuten garen.
Quinoa, die Sonnenblumenkerne und den Lauch mischen und in eine gefettete Auflaufform füllen.
Die Eier oder das Sojamehl (siehe »Tip«), die saure Sahne, die Hefeflocken und das Kräutersalz verrühren und über die Lauch-Quinoa-Masse gießen. Mit dem geriebenen Käse bestreuen und bei ca. 200° C 15 – 20 Minuten überbacken.

TIP

Zu dieser Mahlzeit paßt ein frischer grüner Salat.

Die fertig gebackenen Polentaschnitten können Sie auch mit etwas geriebenem Käse (Parmesan- oder Pecorinokäse) im Ofen überbacken.

In das Tomatenmus können Sie bei Bedarf noch einen Schuß süße Sahne einrühren. Dadurch wird das Mus etwas cremiger.

INFO

Mais
71 % Kohlenhydrate, 9,6 % Protein, 3,8 % Fett.
Ein Drittel des Fettes besteht aus ungesättigten Fettsäuren. Mais enthält die Vitamine A, B1, B2, B3, viel Vitamin E sowie Folsäure. Hervorzuheben ist sein **ungewöhnlich hoher Beta-Carotin-Gehalt** (am höchsten von allen Getreiden). Außerdem enthält Mais die Mineralien und Spurenelemente Eisen, Phosphor, Mangan, Zink, Kalzium, Magnesium, Kalium, Silizium.
Botanisch gehört der Mais zur Gruppe des Getreides. Mais ist **glutenfrei** und **nicht säuernd**.
Bei Kindern ist Mais in Form von Popcorn sehr beliebt.

Tomaten siehe Rezept »Tomatengemüse mit Reis«, Seite 59.

NOTIZEN

Polentaschnitten

mit rohem Tomatenmus

Für die größeren Kinder

Zutaten

für ca. 2-3 Portionen

Die Polenta rechtzeitig zubereiten, da sie Zeit zum Auskühlen braucht. Es ist günstig, wenn man die Polenta schon einen Tag vorher zubereitet.

¹/₂ l Wasser
125 g Maisgrieß (Polentagrieß)
¹/₂ TL Meersalz
Butterschmalz zum Ausbacken
500 g reife Tomaten
1 TL Hefeflocken
¹/₂ TL Kräutermeersalz
1-2 EL frisches Basilikum

Zubereitung

Das Wasser zum Kochen bringen, den Grieß und das Salz unter ständigem Rühren einstreuen. Die Polenta etwa 30 Minuten bei kleiner Hitze garen lassen, dabei ständig umrühren, damit der Grieß nicht ansetzt. Anschließend die Polenta auf ein Backblech stürzen und ca. 1 cm hoch glattstreichen. Bis zum völligen Auskühlen (am besten über Nacht) ruhen lassen.
Den erkalteten Brei in Rauten schneiden und in Butterschmalz ausbacken.
Die gebackenen Schnitten in einer feuerfesten Form im Backofen zugedeckt warmhalten.

In der Zwischenzeit die Tomaten waschen, kreuzweise einschneiden und mit kochendem Wasser überbrühen. Die Haut abziehen, die Tomaten kleinschneiden und in den Mixer geben.
Das Tomatenmus in einer kleinen Kasserolle mit dem Salz und den Hefeflocken auf Eßtemperatur erwärmen. Nicht kochen!
Zum Schluß das gewaschene, kleingeschnittene Basilikum unter das Tomatenmus geben.

Die Polentaschnitten zusammen mit dem Tomatenmus servieren.

TIP

Dieses Gericht wird noch etwas herzhafter, wenn Sie über das gegarte Gemüse in der Pfanne noch 2 EL geriebenen Käse streuen und diesen bei geschlossenem Deckel und bei kleiner Hitze schmelzen lassen.

INFO

Kürbis
Kürbisse gehören zu den größten eßbaren Früchten.
Artgenossen sind Melonen, Zucchini und Gurken. Der Kürbis hat eine stark entwässernde Wirkung, was Herz- und Nierenleidende zu schätzen wissen. Wer zu Blasenschäden oder Prostataleiden neigt, sollte täglich von den knackigen, grünen Kürbiskernen essen. Kürbis kann den **Säureüberschuß** im Körper **neutralisieren.** Der Beta-Carotin-Gehalt im Kürbis überwiegt gegenüber anderen Inhaltsstoffen wie Magnesium, Kalzium, Eisen, Phosphor, Silizium und Natrium-Kalium, die in einem günstigen Verhältnis zueinander stehen.

Paprika
ist ein Fruchtgemüse. Es gibt ihn in verschiedenen Sorten, wie z.B. den roten, grünen, gelben, weißen und violetten Paprika. Etwas seltener, aber sehr beliebt ist der Tomatenpaprika. Von allen Sorten hat der rote Paprika den **höchsten Vitamin-C-Anteil,** der auch kaum von einer anderen Gemüseart übertroffen wird. Das Beta-Carotin im roten Paprika ist gegenüber dem grünen Paprika viermal so hoch. An Mineralien sind Kalzium, Kalium, Magnesium, Phosphor und Eisen enthalten. Paprika sollte zur Schonung seiner Inhaltsstoffe vorwiegend **roh** verzehrt werden.

NOTIZEN

Buntes Kürbisgemüse

mit Vollkornnudeln

Für die größeren Kinder

Zutaten

für 2 Portionen

1 Zwiebel
1 Karotte
100 ml Wasser
200 g Gartenkürbis
$^{1}/_{2}$ rote Paprika
200 g Vollkornnudeln
ohne Ei
1 Messerspitze. Curry
1 Tomate
2-3 EL frische Kräuter

Zubereitung

Die Zwiebel und die Karotte schälen und kleinschneiden. Beides in etwas Öl andünsten. Den Kürbis schälen, entkernen, in Würfel schneiden und auch in die Pfanne geben. Mit dem Wasser ablöschen.
Die Paprikaschote säubern, in schmale Streifen schneiden und zu dem restlichen Gemüse geben.
Die Gewürze untermischen und alles bißfest garen.
Das Wasser für die Nudeln zum Kochen bringen und die Nudeln bißfest garen.
Die Tomaten in kleine Würfel schneiden.
Die Kräuter fein hacken. Die Pfanne mit dem Gemüse von der Kochstelle nehmen und die Tomatenwürfel und die Kräuter unterheben.
Alles zusammen noch 5 Minuten ziehen lassen.

TIP

Statt der kleingehackten Nüsse können Sie auch fertiges Mandelmus oder Mischnußmus verwenden. Die Milch kann zur Hälfte auch durch Sahne ersetzt werden, dann ist diese Speise etwas nahrhafter und cremiger im Geschmack.

INFO

Leinsamen
23 % Protein, 40 % Öl davon 75 % ungesättigte Fettsäuren (incl. Gamma-Linolsäure).
An Mineralien enthält Leinsamen Kalzium, Eisen, Phosphor, Magnesium und Kupfer.
Er enthält neben Weizen und Sonnenblumenkernen den **höchsten Vitamin-E-Gehalt**.

Bei Magen- und Darmschleimhautentzündungen sowie bei Verstopfung kommt Leinsamen eine heilende Wirkung zu. Leinsamen wirkt cholesterinsenkend und herzstärkend.

NOTIZEN

_____

_____

_____

_____

_____

_____

Quarkspeise

mit Leinsamen und Sanddorn

Für die größeren Kinder

Zutaten

1 kleiner Apfel

1 TL frisch gepreßter Zitronensaft

3 EL Magerquark

1 EL frischgeschroteter Leinsamen

1 EL honiggesüßtes Sanddornmark

1 EL kleingehackte Nüsse (z.B. Mandeln oder Haselnüsse)

100 ml Milch

¹/₂ Banane

Haferflocken

Zubereitung

Den gewaschenen, ungeschälten Apfel zu feinem Mus reiben und mit 1 TL Zitronensaft beträufeln.

Den Quark mit den Leinsamen, dem Sanddornmark, den kleingehackten Nüssen und der Milch zu einem cremigen Brei rühren. Dann das Apfelmus und die in Scheiben geschnittene Banane unter den Quark heben. Zum Schluß die Haferflocken über die Quarkspeise streuen.

TIP

Da jede Mutter ihr Kind auch mal mit einem süßen Brotaufstrich »verwöhnen« möchte, ist dies eine gesunde Alternative zu den üblichen Zuckermarmeladen.

Diese Marmelade kann auch gut als Füllung für Pfannkuchen oder für Süßspeisen verwendet werden.

INFO

Trockenfrüchte
sind hochbasische Mineralsalzspender. Sie sind eine wertvolle **Ausgleichsnahrung** zu den säurebildenden Nahrungsmitteln wie z.B. Eier, Fleisch, Fisch, Wurst, Käse und Fett.

NOTIZEN

Marmelade
aus Trockenfrüchten

Zutaten

*250 g beliebige Trockenfrüch-
te, wie z.B. Datteln, Pflaumen,
Aprikosen, Kirschen, Rosinen,
Birnen*

Wasser zum Einweichen

Zimt

Zubereitung

Die gewaschenen Trockenfrüchte in soviel
Wasser einweichen, daß sie gerade bedeckt
sind. Über Nacht zugedeckt stehenlassen.
Dann mit dem Mixgerät fein pürieren und mit
Zimt abschmecken.

TIP

Auch unerfahrenen Bäckerinnen gelingt dieses Brot. Ehrlich!
Durch die Zugabe von Obst- oder Apfelessig wird die Zubereitungszeit gegenüber anderen Brotrezepten erheblich verkürzt. Den Obst- oder Apfelessig und das Salz können Sie auch durch im Fachhandel erhältliche Brotbackwürze mit Molke ersetzen.
Wenn Sie Brot einfrieren wollen, oder eine große Familie haben, verwenden Sie einfach genau die doppelte Rezeptmenge. Sie benötigen dann aber zwei kleine oder eine große Kastenform.
Wenn Sie die Brotbackwürze mit Molkezusatz (s.u.) verwenden, benötigen Sie für die Zubereitung des Brotes keinen Essig und kein Salz.

INFO

Roggen
60,7 % Kohlenhydrate, 12 % Protein, 1,5 % Fett;
Roggen ist reich an Kalium, Phosphor, Magnesium, Kalzium, Fluor und Eisen;
Vitamine B1, B2, B3, B6, Vitamin E und Folsäure.

Roggen stammt ursprünglich aus Kleinasien und gehört, wie auch der Hafer, zur Familie der Wildgräser. Er galt als das Brotgetreide der Germanen, Kelten und Slawen. Bis in die kältesten Regionen der Erde und in Höhen bis zu 2000 m wächst der Roggen auf anspruchslosen Böden. Er wird hauptsächlich als Wintergetreide angebaut, d.h. er wird im September ausgesät und im August des folgenden Jahres geerntet. Der Roggen wurzelt sehr tief um Mineralien aufzunehmen und lockert dabei den Boden auf.

Brotgewürz
Im Brotgewürz sind meistens Anis, Fenchelsamen, Koriander und Kümmel enthalten. Es gibt dem Brot einen besonderen Geschmack und es wird leichter bekömmlich. Sie können das Brotgewürz in ganzen Körnern oder gemahlen kaufen.

Brotbackwürze mit Molkezusatz beschleunigt durch die Bildung von Milchsäure den Gärvorgang.

»Kinder«-leichtes Brotrezept

Zutaten

*500 g Vollkorn (z.B. 400 g
Dinkel, 100 g Roggen)*

500 ml Wasser

*1/2 Tasse Sonnenblumenkerne,
Leinsamen, Sesam, Kürbiskerne oder Getreidekörner (evtl.
12 Stunden – über Nacht –
einweichen)*

2 TL Meersalz

1/2 Würfel frische Hefe

2 EL Obst- oder Apfelessig

1/2 TL gemahlene Brotwürze

Zubereitung

Das Korn frisch mahlen. In der Zwischenzeit
das Wasser auf Körperwärme erhitzen und
die Hefe darin auflösen.

Alle Zutaten in der Küchenmaschine oder mit
dem Handmixer verrühren. Es entsteht ein
sehr flüssiger Teig, den man nicht von Hand
kneten kann und der nicht gehen muß.

Diesen Teig in eine gefettete und mit Sesam
ausgestreute Kastenform einfüllen.

Bei 200° C (Heißluft 180° C) 75 Minuten
backen.

Getreideübersicht

Amaranth
62 % Kohlenhydrate, 16 % Protein, 2,5 % Fett;
In Amaranth sind enthalten: 250 mg, Kalzium, 15 mg Eisen, 70 % Phosphor und ungesättigte Fettsäuren. Vor allem Lysin und Tryptophan (rar in einheimischen Getreidearten) sind wichtige Eiweißbausteine.

Amaranth ist jedem herkömmlichen Getreide durch seine biologische Wertigkeit, d.h. die Zusammensetzung der Aminosäuren, weit überlegen. Leuzin, das diesem Andengewächs fehlt, steuert in idealer Weise unser westliches Getreide wie Dinkel, Weizen, Roggen usw. bei. Glutenfrei.

Botanisch gesehen gehört Amaranth zur Familie der »Amaranthaceae«, der Fuchsschwanzgewächse.

Buchweizen
71 % Kohlenhydrate, 12 % Protein, 2,7 % Fett;
Er enthält Phosphor, Kalium, Kalzium, Kupfer, Magnesium, Eisen, Mangan, Vitamin C und Rutin.

Das besondere am Buchweizen ist sein hoher Lysinanteil. Lysin ist eine der wichtigsten Aminosäuren, die in Getreiden normalerweise kaum vorkommt. Lysin kommt in diesen Mengen fast ausschließlich in Fleisch vor.

Botanisch gesehen gehört der Buchweizen zu der Familie der Knöterichgewächse (wie auch Rhabarber, Sauerampfer).
Buchweizen ist ein besonders wärmendes »Getreide«. Es schmeckt nußartig und ist aufbauend. Kranke sollten Buchweizen zur Stärkung essen.

Dinkel
67,7 % Kohlenhydrate, 13,1 % Protein, 2,45 % Fett;
Vitamin B2, B3, B5, B17, C + E;
Kalzium, Eisen, Phosphor, Magnesium, Zink, 8 Aminosäuren.

Die Mineralstoffe und Spurenelemente machen den Dinkel zu einem wertvollen Nahrungsmittel. Besonders zu erwähnen ist der hohe Phosphorgehalt. Phosphor benötigt der Körper zum Aufbau aller Körperzellen, insbesondere aber der Gehirn-, Leber- und Muskelzellen.
Dinkel ist – im Gegensatz zu den meisten gezüchteten Getreidearten – genetisch gesund. Seine Spelzhülle besteht aus Deckspelz und Vorspelz (Doppelhülle) und ist deshalb resistent gegen Umweltverschmutzung.

Gerste
72 % Kohlenhydrate, 10 % Protein, 2,1 % Fett;
Vitamin B1, B2, B3 und viel E;
Eisen, Magnesium, Phosphor, Zink, Mangan, Kalium und Silizium.

Gerste ist ein stärkendes Korn und wird trotzdem leicht aufgenommen. Sie hat eine aufbauende Wirkung für den Organismus. Diese Fähigkeit wird allerdings von der kühlenden Wirkung der Gerste bei fiebernden Kindern noch übertroffen. Sie wirkt hier entlastend für den Stoffwechsel.

Grünkern
Um den schmackhaften Grünkern zu erhalten, wird der Dinkel geerntet, bevor die Körner voll ausgereift sind. Damit der Grünkern haltbar wird und weiterverarbeitet, d.h. gemahlen werden kann, wird er gedörrt. Früher wurde das Getreide dazu auf durchlöcherten eisernen Pfannen überm Holzfeuer getrocknet. Heute darrt man das Getreide auf vollmechanisierten Muldendarranlagen. Durch das Darren werden die rötlichen Körner hart und olivgrün. So entsteht aus Dinkel der rauchig duftende Grünkern.

Hafer
60 % Kohlenhydrate, 14,2 % Protein, 7,5 % Fett;
Vitamin A, B1, B2, B3, C und sehr viel Vitamin E;
Phosphor, Eisen, Kupfer, Fluor, Zink, Magnesium und Kalzium.
Das Jod im Hafer mag die geheimnisvolle Kraft dieses Getreides erklären. Hafer ist lebenswichtig für die Funktion der Schilddrüse.

Hafer ist bei Frost und Kälte zu empfehlen. Es ist ein wärmendes Getreide und schafft Energie. Hafer fördert die Verdauung.

Hirse
71 % Kohlenhydrate, 10 % Protein, 3,9 % Fett;
alle 10 essentiellen Aminosäuren sowie alle B-Vitamine, Vitamin A, C und E; Kalium, Natrium, Kalzium, Kupfer, Magnesium, Eisen, Phosphor, Fluor und Silizium.

Es gibt keine andere Getreideart, die einen so ausgewogenen Vitalstoffanteil hat, wie dieses glutenfreie Korn.

Hirse, Buchweizenganzkorn und Mais wirken auch gekocht nicht säuernd.

Kamut (Urweizen)

stammt vermutlich aus dem Land zwischen Ägypten, Euphrat und Tigris und ist ein uralter Verwandter des heutigen Hartweizens.
Er hat einen feinen nussigen Geschmack und ist besonders leicht verdaulich.
Kamut wird ausschließlich kontrolliert biologisch angebaut.
Kamut ist deutlich energiereicher als jede bekannte Weizensorte und ist noch niemals mit anderen Getreidearten gekreuzt worden.
Er enthält mehr essentielle Aminosäuren und deutlich mehr einfach- und mehrfach ungesättigte Fettsäuren als Weizen.
Am beachtenswertesten ist allerdings sein hoher Eiweißgehalt.
Wegen seiner besonderen Zusammensetzung wird Kamut auch als »Hochenergiegetreide« bezeichnet.

Mais

71 % Kohlenhydrate, 9,6 % Protein, 3,8 % Fett;
Ein Drittel des Fettes besteht aus ungesättigten Fettsäuren. Mais enthält die Vitamine A, B1, B2, B3, viel Vitamin E sowie Folsäure. Hervorzuheben ist sein ungewöhnlich hoher Beta-Carotin-Gehalt (am höchsten von allen Getreiden).
Außerdem enthält Mais die Mineralien und Spurenelemente Eisen, Phosphor, Mangan, Zink, Kalzium, Magnesium, Kalium, Silizium.
Botanisch gehört der Mais zur Gruppe des Getreides. Mais ist glutenfrei und nicht säuernd.
Bei Kindern ist Mais in Form von Popcorn sehr beliebt.

Quinoa

60-70 % Kohlenhydrate, 10-14 % Protein, 5-7 % Fett;
Quinoa enthält alle essentiellen Aminosäuren mit einem hohen Gehalt an essentiellen Fettsäuren (vor allem Linolsäure) sowie die Mineralstoffe Kalzium, Magnesium, Eisen (9,7 mg/-100g), Zink und die Vitamine des B-Komplexes und Vitamin E. Quinoa ist glutenfrei.

Quinoa ist ein Nahrungsmittel, das einen wichtigen Beitrag zur Deckung des täglichen Mineralstoffbedarfs leistet und aufgrund seines hohen Proteingehaltes durchaus mit tierischen Produkten (wie z.B. Milch oder Fleisch) konkurrieren kann.

Botanisch gesehen gehört Quinoa zur Familie der »Chenopochiaceae«, der Gänsefußgewächse. Spinat und Rote Bete gehören ebenfalls in diese Familie.

Reis

75 % Kohlenhydrate, 8 % Protein, 2,2 % Fett;
Vitamin B1, B2, B3 und das Provitamin A;
Kalium, Eisen, Magnesium, Phospor, Kalzium.

Reis ist das am leichtesten verdauliche Getreide. Das Eiweiß im Reis ist nicht nur in
den Randschichten, sondern im ganzen Korn verteilt. Die chemische Zusammensetzung des Reiskorns begünstigt die Flüssigkeitsausscheidung des Körpers.
Die Ausgewogenheit von Kalium und Natrium im Reis ist besonders erwähnenswert
und in keinem anderen Korn in dieser Form vorhanden. Reis enthält kein Gluten.

Gute Kombinationen mit Reis sind:
Reis mit Gemüse und Reis mit frischen Früchten. Milchreis mit Süßungsmittel oder
eingemachten Früchten ist nicht so empfehlenswert, da jeweils beide Komponenten
säurebildend sind. Reis mit Eiern und Reis mit Mandelmilch sind schwer verdaulich.

Roggen

60,7 % Kohlenhydrate, 12 % Protein, 1,5 % Fett;
Roggen ist reich an Kalium, Phosphor, Magnesium, Kalzium, Fluor und Eisen. Vitamine B1, B2, B3, B6, Vitamin E und Folsäure.

Roggen stammt ursprünglich aus Kleinasien und gehört, wie auch der Hafer, zur Familie der Wildgräser. Er galt als das Brotgetreide der Germanen, Kelten und Slawen.
Bis in die kältesten Regionen der Erde und in Höhen bis zu 2000 m wächst der Roggen auf anspruchslosen Böden. Er wird hauptsächlich als Wintergetreide angebaut,
d.h. er wird im September ausgesät und im August des folgenden Jahres geerntet.
Der Roggen wurzelt sehr tief, um Mineralien aufzunehmen und lockert dabei den Boden auf.

Weizen

69,3 % Kohlenhydrate, 11,7 % Protein, 2,0 % Fett;
An Vitaminen enthält Weizen B2, B3, B5, C und viel Vitamin E. Magnesium, Phosphor, Eisen, Zink und sehr viel Kalzium.

**Weizen ist das Korn, auf das allergisch veranlagte Kinder am meisten reagieren.
Aus diesem Grund verwenden wir in unseren Rezepten anstelle des Weizens den
artverwandten Dinkel.**

Literatur

Airola, Pavlo: Natürlich gesund. Hamburg 1987

Bruker, Dr. M.O.: Gesund durch richtiges Essen. München 1987

Bundeszentrale für gesundheitliche Aufklärung und Deutsche Gesellschaft für Ernährung (Hrsg.): Alternative Ernährungsformen. Frankfurt 1993

Deutsche Gesellschaft für Ernährung e.V.: Vollwertig essen mit Schrot und Korn. Frankfurt 1992

Ehret, Prof. Arnold: Die schleimfreie Heilkost. Rittershude 1994

Goebel, Wolfgang; Glöckler, Michaela: Kindersprechstunde. Stuttgart 1992

Kühne, Petra: Säuglingsernährung. Arbeitskreis für Ernährungsforschung e.V. Bad Liebenzell 1993

Nöcker, Rose-Marie: Körner und Keime. München 1983

Renzenbrink, Udo: Ernährungskunde aus Anthroposophischer Erkenntnis, Arbeitskreis für Ernährungsforschung. Bad Liebenzell 1987

Schock, Dr. Karl Ludwig: Die Heilkräfte der einzelnen Nahrungsmittel. Verlag Leben und Gesundheit. Stuttgart 1977

Register

Blauer Planet
Lebensfreundliche Produkte

Für einen gesunden Start ins Leben!

Ziegenvollmilchpulver, Säuglingsnahrung auf Ziegenmilchbasis
(bei Kuhmilchunverträglichkeit, Empfehlenswert laut ÖKO-TEST Sonderheft Kleinkinder '95 + '96)

Produkte zur sanften Körperpflege für Kinder und Erwachsene

Qualitäts-Lammfelle für Jung und Alt

Kuscheltiere von PLÜ-NATUR